España medieval

Musulmanes, judíos y cristianos

Fernando Aznar

ANAYA

Colección: Biblioteca Básica
Serie: Historia (Vida Cotidiana)

Diseño: Narcís Fernández

Dibujos y maquetación: Fernando Aznar

Coordinación científica: Joaquim Prats i Cuevas
(Catedrático de Instituto y
Profesor de Historia de la
Universidad de Barcelona)

Juan Ignacio Luca de Tena, 15. 28027 Madrid
www.anayainfantilyjuvenil.com
e-mail: anayainfantilyjuvenil@anaya.es

Primera edición, febrero 1990
13.ª impr., octubre 2010

I.S.B.N.: 978-84-207-3612-9
Depósito legal: M-40155-2010
Impreso en ANZOS, S.L.
La Zarzuela, 6. Polígono Industrial Cordel de la Carrera
Fuenlabrada (Madrid)
Impreso en España - Printed in Spain

Contenido

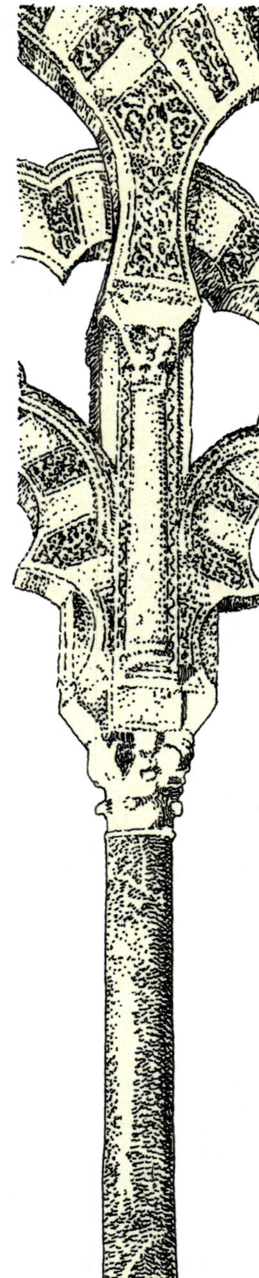

Donde Oriente y Occidente se encontraron

Cuando parte de la nobleza visigoda llamó en su ayuda a los musulmanes asentados en el norte de África para recuperar un trono que consideraba usurpado, cambió radicalmente el curso de la Historia de la península ibérica.

Hispania, la provincia más romanizada del imperio de los Césares y la que más personalidades ilustres le dio —Séneca, Lucano, Marcial, Adriano, Marco Aurelio, Trajano, Teodosio, etc.— pasó a formar parte de una nueva cultura nacida en Arabia en el siglo VII: el Islam.

Disuelta la monarquía visigoda, al-Andalus se convirtió en el Estado más poderoso de Occidente. En nuestro suelo los seguidores de Mahoma se fundieron con los antiguos pobladores, e iba a surgir una civilización cuya grandiosidad nos permite compararla con el Imperio bizantino.

Paralelamente, los núcleos que resistieron al Islam iniciaron una difícil andadura desde las montañas astures y pirenaicas, que les llevó a controlar casi toda la Península en el siglo XIII. Muy primitivos, sin casi medios materiales y acosados por los ejércitos andalusíes, estos grupos humanos lograron, a base de tesón, agresividad y saber aprovechar los errores de sus contrarios, ir conquistando palmo a palmo un territorio que necesitaban para colocar a sus crecientes poblaciones.

Vamos a introducirnos en la forma de vivir, trabajar y luchar de estos mundos contrapuestos, para intentar comprender cómo fue la cultura islámica, por qué los ejércitos califales fueron invencibles, cómo Pelayo logró formar una monarquía estable, acercarnos al proceso repoblador del Duero y el Ebro, o al nacimiento del Románico, porque de su conocimiento depende la comprensión de las etapas posteriores de nuestra historia y, por lo tanto, de buena parte de nuestro presente.

1

La caída del reino visigodo

Entre los siglos III y IV, el Imperio romano comenzó a hacer crisis. El ejército se convirtió en árbitro de la política ante la debilidad de los emperadores, la administración central se provincializó, el comercio y la industria se estancaron por la depreciación de la moneda, y la gente fue abandonando las ciudades para ir a vivir al campo, único sector económico que garantizaba la producción de materias básicas.

Coincidiendo con todos estos factores, los pueblos limítrofes con el Imperio romano comenzaron a llevar a cabo la ocupación de tierras imperiales, empujados por otras tribus que también buscaban nuevos territorios donde asentarse.

A finales del siglo IV, esta usurpación territorial, consentida por los emperadores bajo el disfraz de tratados de alianza, se convirtió en invasión generalizada ante la impotencia de unas instituciones al borde de la desaparición.

Tipos visigodos pertenecientes a la nobleza y al pueblo llano. Las ropas de los hombres consistían en una túnica corta abrochada con un cinturón y pantalones de tradición germánica. Las mujeres llevaban varias túnicas superpuestas. Tanto los hombres como las mujeres solían llevar un manto atado al hombro con fíbulas.

La monarquía visigoda

Tres de los grupos invasores (suevos, vándalos y alanos) llegaron a Hispania en el 409, asolando el país. La que fuera la provincia más romanizada del Imperio hubo de ver cómo estos pueblos en movimiento arrasaban sus cosechas, quemaban sus casas, destruían sus ciudades y asesinaban a sus habitantes. La devastación fue tal que hubo momentos en que los supervivientes tuvieron que alimentarse con los cadáveres de sus familiares.

Ante este estado de cosas, en el 415 el emperador Honorio pactó con el pueblo visigodo, originario del Danubio, la entrega de tierras del suroeste de Francia a cambio de acabar con los desórdenes. Pero los pacificadores no sólo combatieron a suevos, vándalos y alanos: poco a poco bajaron por la península Ibérica, tomando posesión de su territorio y fundando una monarquía cuando el Imperio romano se desmembró definitivamente, a finales del siglo V.

El reino visigodo duró poco más de doscientos años y supuso un retroceso en casi todos los campos de la vida cotidiana. Un buen número de ciudades fueron abandonadas o vieron diezmada su población, la agricultura sufrió un estancamiento (a pesar de la introduc-

Villa del Bajo Imperio. Las construcciones del primer plano forman la vivienda del hacendado y las restantes sirven de establos, graneros y casas de siervos.

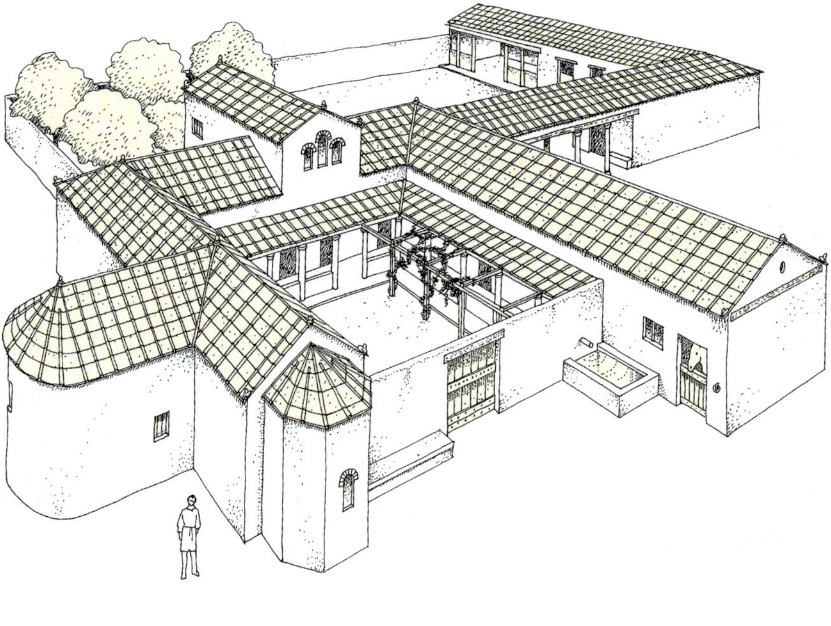

La monarquía visigoda

ción de nuevos cultivos como el de la alcachofa o la espinaca) y la mortalidad, especialmente la infantil, aumentó favorecida por las malas cosechas, las plagas y la pobreza de la dieta alimentaria.

Agrupada mayoritariamente en *vicus* o aldeas, y en *villas* o haciendas similares a los actuales cortijos, esta población, formada en gran medida por hispanorromanos, estuvo casi siempre al margen de las disputas políticas provocadas por los distintos grupos que lucharon constantemente por el poder.

La monarquía visigoda, jalonada de intrigas y regicidios ocasionados por su carácter electivo y no hereditario, sucumbió a comienzos del siglo VIII como consecuencia de uno de tantos pleitos sucesorios. Los levantamientos nobiliarios eran una constante. Así vemos cómo la inseguridad personal del monarca ha quedado reflejada en la legislación, que recoge la imposibilidad de vincularse por juramento a otra persona que no fuese el rey, lo que sin duda representa una clara muestra del intento por parte de los reyes de no depender exclusivamente de la nobleza.

A los últimos años del reino visigodo debe corresponder sin duda el momento de mayor conflictividad que culmina con la rebelión de una parte de la nobleza, entre la que se encontraba Sisberto, obispo de Toledo. El rey Egica (687-702) sofocó la revuelta, persiguiendo a la

San Pedro de la Nave (Zamora) es una de las pocas muestras de arquitectura visigoda que nos ha llegado. De pequeñas dimensiones, es exponente de la modestia de medios de la época y de la ruralización del arte visigodo.

nobleza y confiscando sus bienes. El hijo de Egica, Witiza (702-710) llevó a cabo una política más suave que la de su padre y permitió la vuelta de los nobles, devolviéndoles los bienes confiscados y restaurándoles en sus cargos. Apenas se sabe nada más de su reinado, durante el cual se estaba produciendo la expansión del Islam por el norte de África.

El problema sucesorio se desencadenó al legar el rey Witiza la corona a sus hijos Agila y Ardobasto, menores de edad, ante la oposición de gran parte de la nobleza, produciéndose un enfrentamiento entre los partidarios de la familia Witiza y los de un noble llamado Roderico o Rodrigo, que sería finalmente elegido monarca.

Como reacción, los partidarios de los hijos de Witiza no hallaron otra salida que llamar en su ayuda a los musulmanes recién llegados al norte de África. Pero las huestes que cruzaron el estrecho de Gibraltar, mercenarios beréberes capitaneados por una minoría árabe, no sólo vencieron a Roderico en la batalla de Laco o Guadalete (711), sino que decidieron quedarse en la Península y ocuparla militarmente.

Soldado visigodo de tiempos de la conquista musulmana. Va armado con yelmo tardorromano, escudo redondo y espada larga de tradición germánica. A su lado, infante beréber. Sus armas son una maza de madera, una espada algo más corta que la visigoda y un escudo redondo de pequeño tamaño. Guerreros como éste vencieron a Roderico en Laco o Guadalete.

2

El Islam llega a la Península

La minoría árabe y parte de los efectivos beréberes que llegaron a la Península eran musulmanes, es decir, seguidores de un profeta llamado Mahoma nacido en La Meca hacia el 570. Hasta los cuarenta años, Mahoma se dedicó al tráfico de caravanas y gozó de estabilidad económica por estar casado con una rica viuda. Recibió entonces la revelación de Dios por medio del arcángel Gabriel, unificando a las tribus árabes gracias a su doctrina y a sus dotes de estadista. Expulsado de La Meca en 622, fijó su residencia en Medina, donde reunió los suficientes adeptos como para, ocho años después, volver a su ciudad natal y conseguir que sus habitantes abrazasen la nueva fe.

Muerto en 632, sus sucesores o califas (eso exactamente significa el término) comenzaron la expansión de la comunidad musulmana hasta lograr en poco más de setenta años alcanzar la frontera china por el Este y la península Ibérica por el Oeste.

¿Cómo se explica este crecimiento? Principalmente por el celo religioso de todo nuevo converso. Pero también por el carácter de los habitantes de Arabia, acostumbrados tanto al comercio como al bandidaje, que les lanzó a conquistar las tierras limítrofes con la suya. También cabría citar la profunda crisis de las dos potencias del Cercano Oriente, Bizancio y el Imperio Sasánida de Persia, que facilitó la expansión.

Expansión islámica desde Arabia hasta la península ibérica por el Oeste, y el Imperio sasánida por el Este. En rayado, el Imperio bizantino.

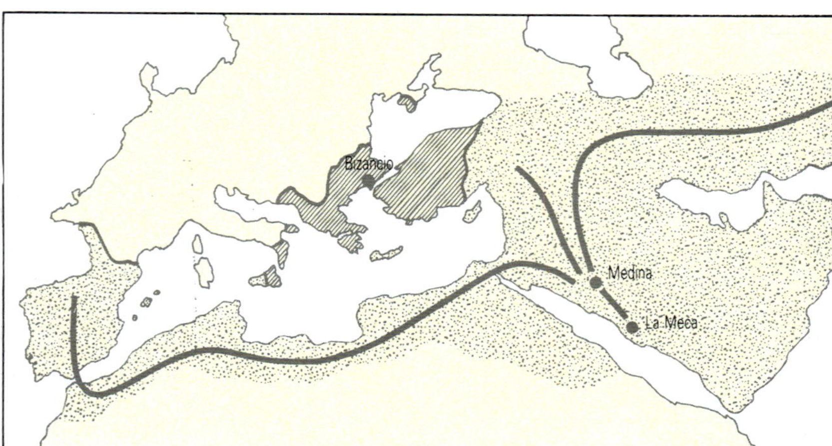

Pero esto no habría servido de nada si el Islam no fuera atractivo para las gentes conquistadas. Y realmente lo era, porque Mahoma, persona con gran sentido práctico, dictó una religión sin complicaciones teológicas, dirigida a unas gentes más acostumbradas a actuar que a meditar.

El islamismo es, pues, una fe tan sencilla que no necesita ser comprendida, sino simplemente aceptada. Según las enseñanzas de Mahoma, recopiladas con el nombre de Corán, el fiel debe creer en Dios y obrar de manera que al final de su vida acceda al Paraíso o *Yennaa*. Para lograrlo, además de proclamar su omnipotencia y acatar su voluntad, ha de cumplir cuatro mandamientos básicos: rezar cinco veces al día, ayunar durante el mes de Ramadán, dar limosna al necesitado, y peregrinar, si tiene recursos, una vez en la vida a La Meca. Hay que añadir a estas obligaciones la de acudir a la *guerra santa* cuando ello fuera necesario. «No hay más que un solo Dios y Mahoma es su profeta» es la máxima más reiterada por un musulmán, que acepta la voluntad divina por encima de todo. Esta entrega o renuncia —Islam— es la que da nombre a la doctrina.

¿Qué se deriva de todo ello? Simplificando, fundamentalmente dos cosas: un conformismo que hace que todo aquello que escape a una explicación lógica dependa de lo que Dios quiera, y también un desprecio del futuro a favor del presente. Porque todo es cambiante menos Alá, todo pasa y nada queda menos la inmutable voluntad de Dios.

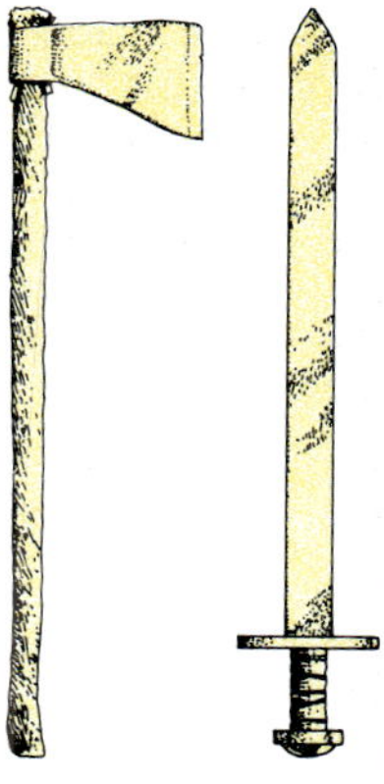

Asedio a una ciudad cristiana por parte de tropas musulmanas, según un beato del siglo X. Sobre estas líneas, armas visigodas: espada de tradición germánica, y hacha arrojadiza o francisca.

El islamismo

La península ibérica poco después de la conquista. Los recuadros del Norte se corresponden con el reino astur y las zonas cántabra y vasca, mientras que el señalado en Levante es el territorio controlado por Teodomiro.

España se hace musulmana

Mahoma no negó validez a judíos y cristianos, sino que entendió que Dios, igual que reveló su Ley a Moisés y Jesucristo, le eligió a él para que los árabes poseyeran la suya. De este modo, y al tener coincidencias con ellos, la fuerza de la conquista hizo que muchos creyentes de estas religiones abrazaran el Islam. Porque no se trataba de cambiar de Dios, sino de forma de honrarle.

Esto y su sentido comunitario (todos los creyentes son iguales ante Dios), unido al desinterés por convertir a quienes no desearan hacerlo voluntariamente (a los no creyentes se les aplicaba un impuesto por seguir con su religión) hizo que fuera bien recibido allí donde llegaba.

En el caso hispano, la mayoría de la población abrazó la nueva fe en un tiempo relativamente corto, aunque se conservaron grandes zonas cristianas, como sucedió en Toledo y su comarca, por ejemplo. Las razones de

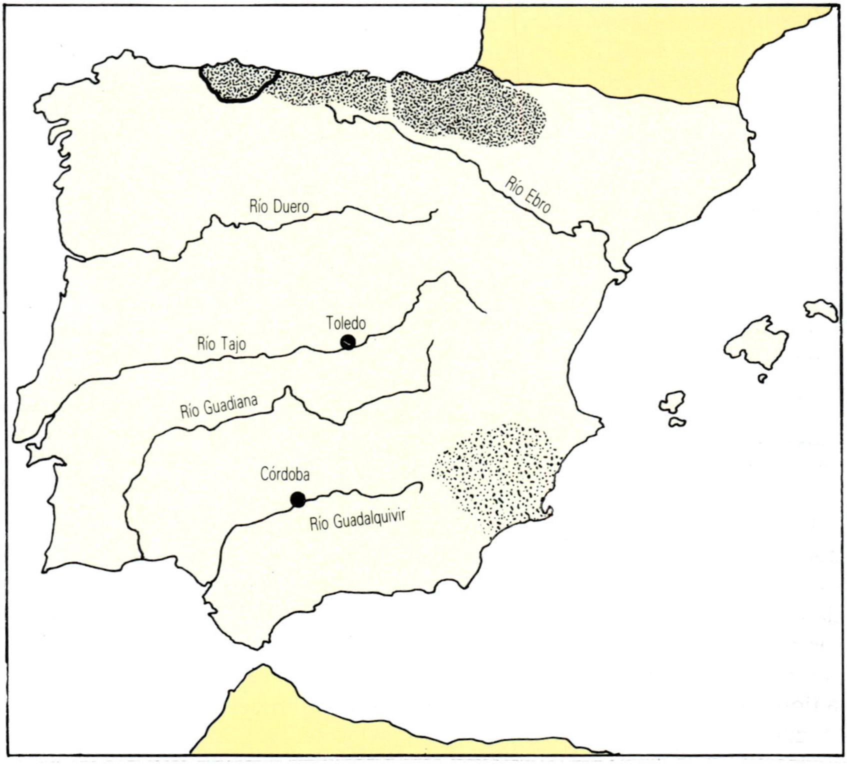

estas conversiones son complejas: por un lado estaba la novedad de un ejército tanto conquistador como portador de una nueva doctrina. Por otro, la poco gratificante situación de la Iglesia visigoda, minada por luchas intestinas y con una tendencia muy acusada a abusar de su poder. Y por último, la ventaja que suponía conservar privilegios y bienes en el caso de los nobles, y la equiparación legal con los invasores para el resto de la población.

No se sabe de grandes resistencias ante el Islam y éstas casi siempre fueron aisladas y nunca generalizadas. Como ejemplo del espíritu de las relaciones entre musulmanes y visigodos, nos ha llegado el tratado suscrito por Abdelazid, hijo de Muza ibn Nusair, gobernador del norte de África, con Teodomiro, gobernador godo de Orihuela. El documento describe la capitulación del noble, que se aviene a aceptar el patronato y clientela de Alá y su Profeta a condición de que no se le imponga ningún dominio ni a él ni a los suyos, enumerando luego los pormenores del acuerdo: Teodomiro no podrá ser despojado de su señorío ni sus hombres...

«podrán ser muertos, ni cautivados, ni apartados unos de otros, ni de sus hijos ni de sus mujeres, ni violentados en su religión, ni quemadas sus iglesias; que no será despojado de su señorío mientras sea fiel y sincero, y cumpla lo que hemos estipulado con él».

La capitulación incluye siete ciudades y finaliza con el detalle de las cantidades a pagar como tributo. Puntualiza que Teodomiro:

«No dará asilo a desertores ni enemigos; que no intimidará a los que vivan bajo la protección nuestra, ni ocultará noticias de enemigos que sepa.»

Otro aspecto a destacar es la fusión de los conquistadores con la población autóctona, realizada de manera espontánea y desde los primeros tiempos de la presencia musulmana: una nieta de Witiza, Sara, casó dos veces con nobles árabes, buscando preservar su inmenso patrimonio. Estas uniones mixtas fueron el germen de la riqueza cultural del Islam español, el más fecundo del Mediterráneo occidental.

El tratado con Teodomiro

Vencido Rodrigo en la batalla de Laco o Guadalete, y huidos sus partidarios a la Galia o a Asturias, la mayoría de los nobles visigodos se aprestaron a convertirse a la nueva fe o a firmar tratados de alianza con los ejércitos vencedores con el fin de conservar sus privilegios. Aquí, fíbula visigoda para abrochar el manto sobre los hombros.

La tecnología agrícola

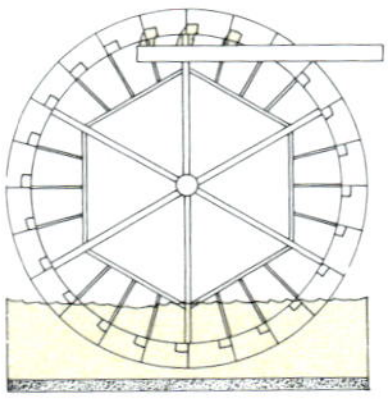

Noria de cangilones movida por tracción animal. El agua sacada del pozo se vierte sobre una acequia que la distribuye a los regadíos. Arriba, esquema de noria que aprovecha la fuerza de la corriente fluvial para elevar el agua hasta un canal, generalmente de madera.

Propietarios y labradores

Desde un principio la tierra se otorgó como pago a jefes y mercenarios por sus acciones guerreras, y las luchas producidas tras la conquista fueron por su reparto. Durante cuarenta años y hasta la llegada de Abderramán I (756), fundador del emirato independiente de Córdoba, yemeníes, sirios, árabes y beréberes pugnaron entre sí por la distribución de las mejores fincas.

Asentado el emirato, la tierra quedó en manos de grandes propietarios que la recibieron como premio a sus servicios, encargando su cultivo a colonos a cambio de una renta. Como pasó después en la España cristiana, era más ventajoso ser arrendatario de tierras reales que de particulares, porque la administración pública ejercía menos control.

Los musulmanes introdujeron el cultivo del algodón, la caña de azúcar, las moreras para cría de gusanos de seda, el arroz, etc., pero donde más destacaron fue en la creación de regadíos e ingenios hidráulicos y mecánicos.

Griegos y romanos habían utilizado la noria para elevar agua, pero no tanto como el Islam, muy influido por Persia que despuntaba en esta tecnología. De allí también se adoptó la tracción animal para estos ingenios y la captación de aguas subterráneas. Así convirtieron en regadíos inmensas vegas andaluzas y levantinas desarrollando una producción estancada desde antiguo.

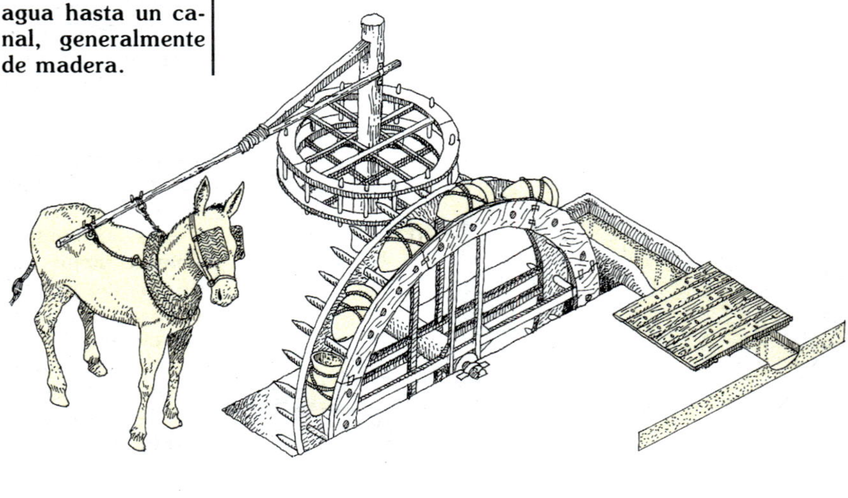

El cultivo rotativo, consistente en sembrar un año una variedad y al siguiente otra complementaria para no agostar la tierra —trigo y cebada, por ejemplo— fue práctica tan común como el abonado con heces animales. La ganadería se centró en la cría caballar dejando a un lado especies como la oveja o la cabra, menos explotadas.

Hay que destacar el auge comercial de al-Andalus, muy superior al de la zona cristiana. La seda producida en Granada fue famosa en todo el Mediterráneo, hasta el punto de que los Reyes Católicos, al conquistar el reino nazarí, respetaron la organización de su mercado por los beneficios que dejaba. La fabricación de armas fue también una industria floreciente: más de una vez los ejércitos cristianos lucharon con armas andalusíes por su mayor calidad de forjado.

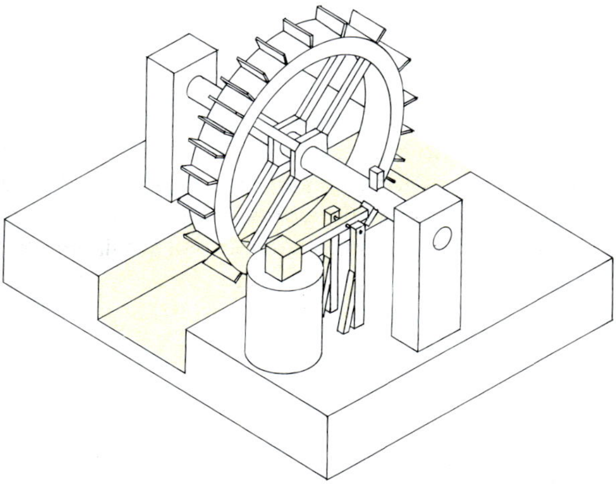

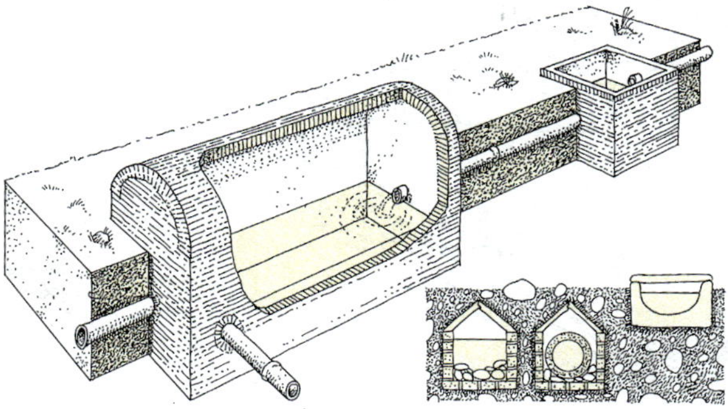

La tecnología agrícola

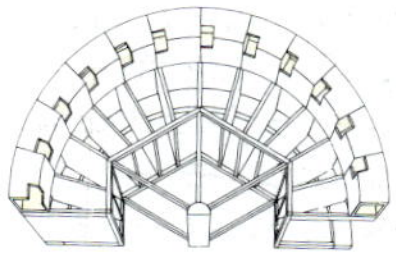

He aquí un corte de la noria fluvial de la página anterior, formada por múltiples cangilones. A la izquierda, un batán para tundir lana por medio de una maza. Debajo, esquema de conducción de agua con sus atarjeas y depósitos para facilitar la oxigenación y filtrado del agua. A su lado, tipos de conducción más habituales.

3

Las ciudades

Si en doctrina y economía el Islam no supuso una ruptura frontal con lo anterior, en otros terrenos el cambio fue drástico. Ese fue el caso del urbanismo.

La ciudad visigoda era casi inexistente, porque la larga decadencia imperial la había llevado a la mínima expresión. Olvidada la *pax romana* y sin poderse garantizar el comercio por falta de seguridad en los caminos, la urbe visigoda era un pequeño núcleo rodeado por una muralla levantada con materiales de desecho, que dejaba fuera de las defensas los barrios periféricos.

Conviene precisar de qué tipo de ciudades hablamos: núcleos de tamaño reducido ya en época romana (sólo Tarragona, Mérida o Zaragoza se pueden considerar grandes) con un caserío humilde y edificios y servicios públicos más bien modestos, que en la época visigoda quedan casi arruinados. Complutum (actual Alcalá de Henares) es un buen ejemplo: su centro urbano no presenta más interés que una construcción basilical —de tres naves— y una fuente con pretensiones monumentales junto a unas termas, mientras que las casas de la población eran de adobe o barro prensado con paja.

La decadencia de las ciudades romanas las redujo a su núcleo central, dejando fuera de las rudimentarias murallas (hechas con materiales reutilizados, tomados de edificios en desuso) las construcciones periféricas, abandonadas a su suerte.

Estas fueron las ciudades que encontró el Islam en España. Toledo, capital del reino visigodo, contaba con unos cinco mil habitantes en el momento de la conquista. Imaginemos el resto: caseríos empobrecidos, con muy pocos habitantes y edificios públicos utilizados como cantera para reparar las construcciones que aún quedaran en pie. Esta es una de las razones por las que el Islam pudo desarrollar libremente su modo de entender el urbanismo: encontró la infraestructura urbana, pero pocas ciudades funcionando como tales.

Ciudadanos y creyentes

Aunque nacido en Arabia, tierra de nómadas, el mahometanismo es creación de gentes urbanas. Su profeta nació en La Meca y cuando fue expulsado de ella se dirigió a Medina a seguir su labor. Sus sucesores pertenecieron a la aristocracia de estas dos ciudades y allí donde dirigieron sus conquistas fundaron emplazamientos militares que acabaron convertidos en recintos urbanos desde los que expandir la nueva fe.

Si a este carácter urbano añadimos el espíritu solidario de Mahoma y sus seguidores durante el difícil perío-

Las ciudades

Medina de la Córdoba califal, ejemplo del aparente caos de la ciudad musulmana. En negro destaca la mezquita y, a su izquierda, la residencia real. Junto al Guadalquivir se levantaba la Maqbara ar-Rabad, uno de los cementerios más importantes de la ciudad.

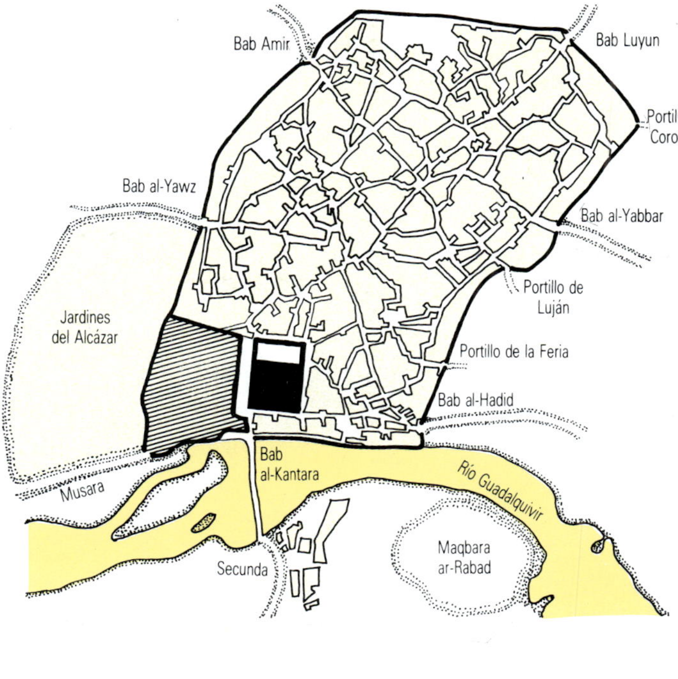

Normas ciudadanas

do de la estancia en Medina, tendremos como resultado que la ciudad, pieza clave de la cultura islámica, se convierte al mismo tiempo, siguiendo el ejemplo de su profeta, en una comunión de creyentes en torno a una misma fe. Por lo tanto, lo que la diferencia de nuestro concepto de ciudad es su profunda raíz religiosa, que afecta en lo más hondo a aspectos como el funcionamiento municipal, que no posee normativa porque el Corán no la cita. También por eso su apariencia resulta tan irregular: es la comunidad de fieles quien, vecino a vecino, dicta la vida urbana sin más límite que el derecho ajeno y el respeto a Dios.

Sólo ante cuestiones morales o de seguridad pública aparece una autoridad, el almotacén (*muthasib*), que además se ocupa del mantenimiento del culto y de recaudar impuestos. También vigila los pesos y medidas en los mercados, la calidad de los productos y, ocasionalmente, media en pleitos vecinales. El conjunto de sus atribuciones y la manera de llevarlas a cabo se conoce como *Hisba*.

La Córdoba Califal a finales del siglo X. De sus palacios, arrabales y barrios destacan: la Ruzafa (R), residencia de verano levantada por Abderramán I; Medina Zahira (Z), debida a Almanzor; la Judería (J) y el barrio mozárabe (M). En esta época, Córdoba era la ciudad más grande de Occidente.

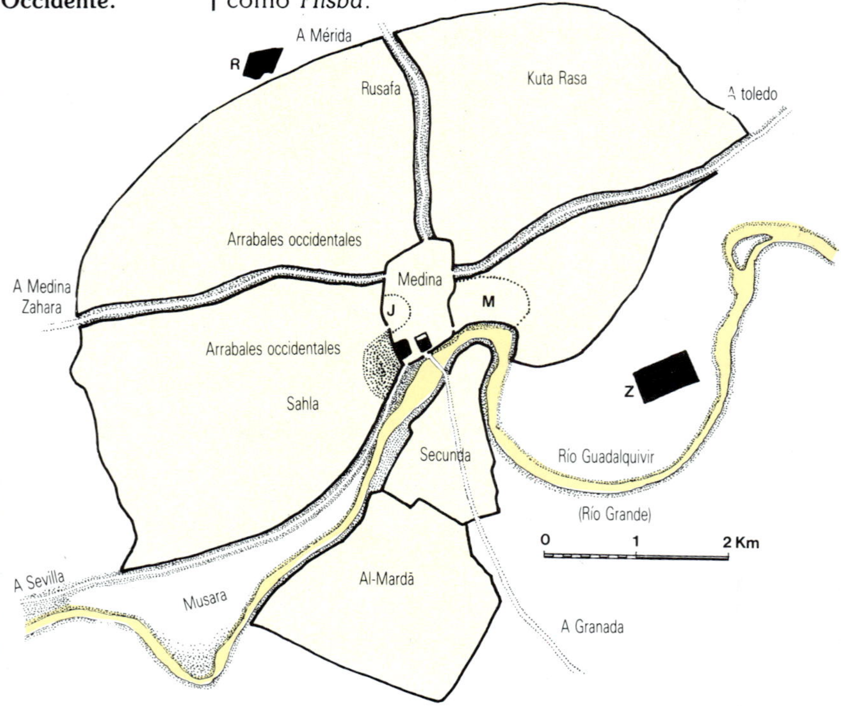

Nuevas y viejas ciudades

Los musulmanes fundaron pocas ciudades en España y cuando lo hicieron fue casi siempre por dos causas: como reafirmación del poder de los gobernantes y por exigencias militares. Así, dos de las ciudades reales más importantes de al-Andalus, Medina Zahara (936) y Medina Zahira (978), se debieron a las personalidades más sobresalientes de la España musulmana, Abderramán III y Almanzor.

De Medina Zahara *—Ciudad de la Flor—* una de las leyendas cuenta que se construyó con los fondos que una favorita de Abderramán le dejó al morir para rescatar cautivos en tierras cristianas. Como no encontró ninguno, el califa destinó el dinero a ensalzar su memoria por medio de una ciudad monumental. Este relato habla de la importancia de este tipo de fundaciones. Almanzor levantó Medina Zahira *—Ciudad Resplandeciente—* para dirigir el califato desde ella y para su mayor gloria. Otra ciudad de similar intencionalidad fue la erigida por el emir almohade Abú Yusuf cerca de Sevilla en 1193, con el nombre de Hisn al-Faray.

Fundación de ciudades

Salón del Trono de Medina Zahara, ciudad levantada por Abderramán III al oeste de Córdoba para realzar su poder. Su riqueza decorativa fue tan grande que sólo se podía comparar con las residencias reales de Bagdad o Damasco.

Fundación de ciudades

Pero descontando estos casos, el Islam hispánico no fue pródigo en nuevas fundaciones porque, al parecer, sobraban cascos urbanos por ocupar y era más práctico y barato habilitar los ya existentes. Sobre esto hay una leyenda que hace protagonista a Muza ibn Nusair del hallazgo de una ciudad maravillosa ceñida por murallas de cobre cuyo acceso era casi imposible por no tener puertas. La fábula refuerza la idea de la cantidad de ciudades deshabitadas o semideshabitadas que los ejércitos musulmanes se encontraron a su paso.

Capítulo aparte son las ciudades levantadas por motivos militares, cuyo emplazamiento no siempre era coincidente con el de las ciudades anteriores. Podríamos citar Medinaceli, Tudela y Ciudad de la Victoria o Medina al-Fath. Medinaceli (Medina al-Salim) se erigió en el siglo X junto al solar de Ocilis, ciudad romana abandonada, para garantizar la seguridad de la ruta Córdoba-Zaragoza ante los ataques cristianos. Tudela fue plaza defensiva de la Frontera Superior desde su fundación, en el 803, por Amrús, cristiano converso al servicio de al-Hakém I.

Estas dos ciudades han llegado hasta nuestros días, a pesar de haber perdido su importancia militar, pero no es habitual que sea así debido a que casi todos los enclaves castrenses desaparecieron tras cumplir su misión estratégica porque su fundación se debió a circunstancias artificiales o momentáneas. Medina al-Fath, eri-

Principales núcleos urbanos de la península Ibérica a finales del siglo XI (en su mayoría musulmanes). Arriba, Dirham o moneda de Abderramán III. La riqueza de al-Andalus no tenía comparación en Europa, sumida en una economía de subsistencia.

gida por Abderramán III junto a Toledo (930) para asediar la ciudad ante sus continuos levantamientos, corrió esa suerte, hasta el punto de ignorarse el lugar exacto de su solar.

Del desarrollo y prosperidad urbanos de la España islámica hay documentos sobrados, sobre todo a partir del siglo IX. Los viajeros y cronistas hablan de la riqueza andalusí comparándola con el norte de África, mucho más atrasado, resaltando Córdoba como la gran ciudad de Occidente, sólo comparable con Bagdad o Constantinopla. Su auge decayó con la desmembración del califato, y su sucesora fue Sevilla durante la etapa de taifas y luego con los almorávides y los almohades.

Las guerras civiles y las revueltas internas no afectaron a la vida económica ciudadana. El comercio estaba, en lo posible, al margen de la guerra y en parte se beneficiaba de ella. Desde Almería, principal puerto marítimo de al-Andalus, los barcos zarpaban rumbo al Mediterráneo oriental cargados de algodón, azúcar, aceite, azafrán, seda, minerales, frutos secos, madera, etc.

Prosperidad ciudadana

Este rincón de la Córdoba de hoy, donde vemos a la estatua del célebre filósofo y médico judeoespañol Maimónides, conserva todo el ambiente de la época.

Prosperidad ciudadana

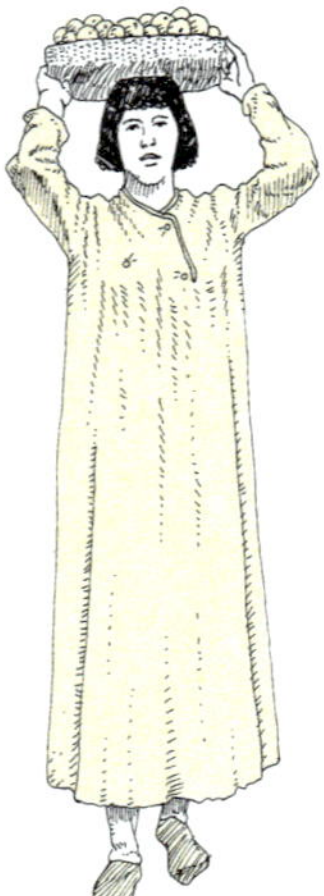

Tipos andalusíes de época califal. El hombre es un guerrero armado con espada y escudo. Es de notar su peinado, una melena corta típica del siglo X. Las mujeres llevan una túnica larga y una de ellas se toca con un pequeño manto.

La vida cultural aumentó a partir de las taifas junto al refinamiento más acusado. No es de extrañar, por tanto, que los almorávides quedaran sorprendidos cuando anexionaron la España musulmana a su Imperio, a finales del siglo XI. Los *al-murawit* o almorávides, beréberes del sur de Marruecos unificados por un jefe tribal, Yahya ibn Ibrahim, impusieron su intransigencia religiosa, pero no frenaron la pujanza de las ciudades.

Algo parecido sucedió con la otra oleada norteafricana de conquista, los *al-muwahidum* o almohades (segunda mitad del siglo XII). Cuando resultaron vencidos por los reyes cristianos en Las Navas de Tolosa, el botín tomado por éstos fue tan grande que el precio del oro se hundió en Europa.

La prosperidad de las ciudades en estas últimas etapas queda recogida por un autor de mediados del siglo XII, Idrisi, que cita como núcleos urbanos más importantes Toledo, Sevilla, Almería, Valencia, Zaragoza, Mallorca, Talavera, Trujillo, Evora, Carmona y Calsena. Leopoldo Torres Balbás calcula la población de varias de ellas por esas fechas como superior a los 15.000 habitantes —algunas llegan a los 30.000—, cifra muy por encima de la de las ciudades cristianas, auténticos villorrios comparadas con éstas.

La Medina

Medinas y barrios islámicos

El modelo islámico de desarrollo urbano procede de Siria y Yemen y contrasta con el de los romanos. Estos fueron excelentes ingenieros que aplicaron a sus ciudades un perímetro rectangular dividido en cuatro parcelas por medio de dos vías, el *cardo* de Norte a Sur y el *decumano* de Este a Oeste, que en su cruce daban lugar al foro o centro administrativo y comercial. A su vez, esas parcelas se subdividían por medio de otras calles generalmente paralelas y perpendiculares.

Nada de esto se encuentra en una ciudad musulmana. Su núcleo se llama Medina *(al-madinat)* y es obligatorio que tenga mezquita y murallas. Al irse poblando, los habitantes se agrupaban por oficios o razas en barrios *(harat)* que, según su importancia, erigían a su vez sus propios recintos de oración. De este modo, la primitiva mezquita pasaba a ser la principal

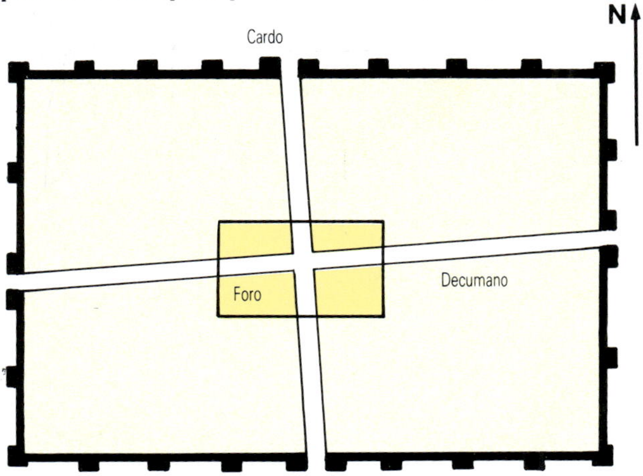

Esquema de ciudad romana. Rectangular, ceñida por murallas, era cruzada por dos calles principales, el cardo (de norte a sur) y el decumano (de este a oeste). El foro o plaza mayor solía abrirse en la confluencia de ambas vías. El resto de las calles eran paralelas a éstas.

La Medina

Los zocos musulmanes eran el centro de la vida comercial y en ellos se compraba y vendía de todo. En primer término, un mercader muestra sus telas a la clientela y, a su izquierda, un almotacén comprueba las pesas de un vendedor. Al fondo se levanta el alminar de la mezquita aljama y, más atrás, un lienzo de muralla que, en vez de almenas, tiene postes de madera para montar en ellos los escudos de los defensores como parapetos en caso de asedio.

La Medina

o *aljama*, punto en el que confluían, desde las puertas de la muralla, las calles principales. De éstas nacían las secundarias, desperdigadas sin orden por el casco urbano.

En las calles principales estaban los comercios y talleres artesanos formando mercados *(suq)*, y en las restantes las casas particulares, sin que este esquema fuera uniforme, porque cada barrio contaba con zocos de menor importancia. Asimismo, había oficios cuya ubicación dependía de su función, situándose algunos cerca de las puertas de acceso (fabricantes de aperos de labranza o herradores, cuyos clientes eran labradores de alquerías cercanas) o en los cauces de agua, como molineros, curtidores, tintoreros o alfareros.

Lo habitual era que el mercado principal *(suq al-Kebir)* lo formaran los oficios más reputados: cambistas, escribanos, drogueros, especieros, perfumistas, libreros, etc., ocupando pequeños locales cercanos o a veces adosados a la mezquita o aljama. También a su lado estaba la *alcaicería* o almacén de mercancías caras, que no siempre era un edificio, sino un conjunto cerrado de ellos. Allí se encontraban los sederos y los orfebres entre otros artesanos apreciados.

Zoco marroquí actual situado en la plaza Jenna Fna de Marraquech, al sur de Marruecos. La apariencia de los mercados hispanomusulmanes debió de tener un ambiente muy similar a la de éste.

La vida económica presentaba una gran diversidad. Si cada barrio podía contar con su zoco, los vendedores ambulantes por su parte, no dejaban pasar la oportunidad de desplegar sus productos allí donde los almotacenes lo permitían. Los labriegos de las tierras cercanas, por ejemplo, acostumbraban a exhibirlos en las puertas de la muralla. Los zocos no se disponían en las plazas, escasas en tamaño y número, sino en las calles mejor situadas para el comercio.

Los servicios ofrecidos junto al tráfico de mercaderías eran también variados: establecimientos mitad almacén mitad posada llamados alhóndigas o *fundaq*, baños públicos o *hamman*, escuelas de estudio del Corán o *madrasas*, etc.

De los *fundaq* nos queda la llamada Posada del Carbón de Granada, en perfecto estado de conservación. Es un edificio de tres plantas abierto a un patio con una alberca en el centro.

Servicios públicos

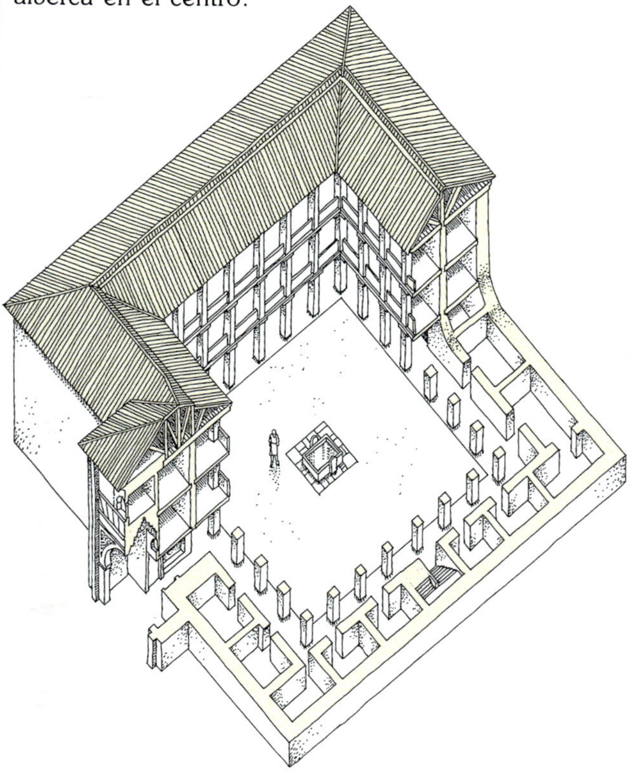

Corte esquemático de la Posada del Carbón de Granada, el único *fundaq* que nos ha llegado intacto. La dependencias de la planta baja eran almacenes y establos, las del resto de los pisos, habitaciones para huéspedes. Este esquema de posada se ha conservado hasta nuestros días. En el centro del patio destaca una pequeña fuente con una alberca.

Servicios públicos

Los baños son una institución en el Islam por motivos religiosos (hay que purificarse antes de orar) y prácticos, derivados de la obsesión musulmana por la limpieza personal. Ese culto al agua hace de los *hamman* verdaderos centros de convivencia ciudadana. Eran abundantes: Córdoba contó con novecientos en su época de mayor esplendor. Muy reducidos de tamaño, destacaban externamente por su techumbre, formada por cúpulas y bóvedas con pequeños lucernarios de forma estrellada. Interiormente su atmósfera era muy acogedora gracias al alicatado de las paredes y a la luz cenital proporcionada por los mencionados huecos del techo. Los beneficios de su explotación se destinaban a mantener el culto.

Los barrios de la medina se conocían tanto por la naturaleza del vecindario como por su emplazamiento. En cualquier ciudad hispanomusulmana nos podemos encontrar un barrio de los tejedores o *Rabad al-Tarrazin;* de los alfareros, *al-Fajarin;* de los halconeros, *al-Bayazin* (como el famoso Albaicín de Granada); el barrio norte o *al-Yanubi;* el de poniente o *al-Garbi;* el de oriente o *al-Sarquiya;* el de la cuesta o *al-Aqaba;* el del cerro o *al-Kudia;* el de los almendros o *al-Lawza;* el del algibe

Baño hispanomusulmán. Estos establecimientos constaban de un guardarropa a la entrada, y varias salas interiores con tinas y bañeras en las que realizar las distintas abluciones frías, templadas y calientes. El personal era variado: perfumistas, barberos, masajistas, etc. Al fondo se encontraba la caldera de agua y el sistema de calefacción.

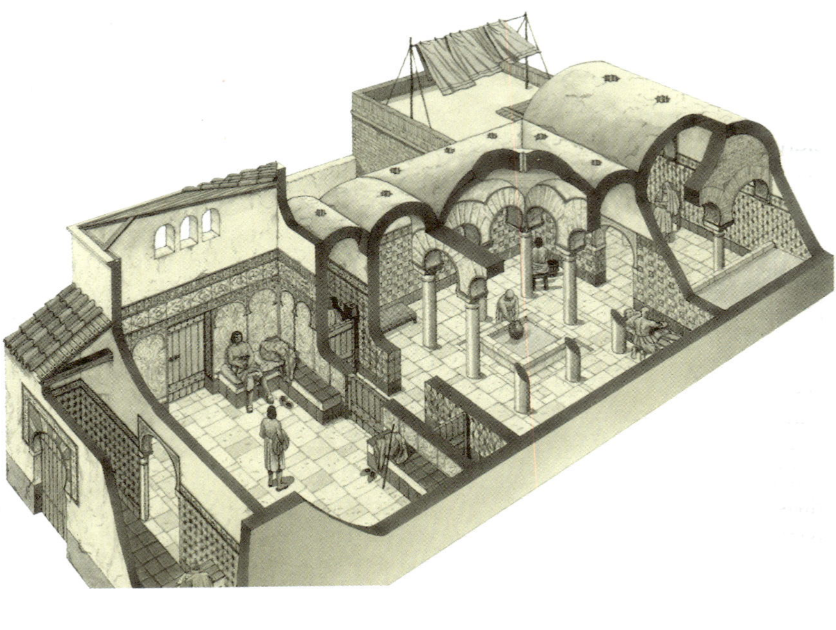

o *al-Haud*... El barrio toledano abierto junto a la puerta Bisagra se llamaba de *Bab al-Sagra* o Puerta de la Sagra, comarca toledana con la que enlazaba. Córdoba en época califal tuvo entre veinte y veintiocho barrios, y Sevilla en el siglo XIII, tres: *Taryana* o Triana, *Banaliofar* y *Maqaranna* o Macarena.

Los judíos o *jahud* y los cristianos o *mozárabes* tenían sus propios barrios, aunque estos últimos se mezclaban con la población musulmana. Pero la tendencia fue agrupar a los practicantes de estas religiones para controlar mejor la percepción de los impuestos que habían de pagar por practicar sus creencias. Hasta la llegada de almorávides y almohades, muy integristas en materia de fe, la convivencia con estas minorías fue pacífica. Uno de los pocos requisitos era que sus templos no tuvieran ventanas a la calle para no ofender a Dios. La ruptura se produjo con los almohades, que expulsaron a cristianos y judíos de al-Andalus. Los almorávides no fueron tan intránsigentes y se pudo pactar con ellos.

Las juderías

De todos los barrios de la ciudad musulmana, quizá las juderías fueran las que mostraran más particularidades por la naturaleza de sus habitantes.

El origen de las colonias hebreas en España es oscuro. Hay leyendas que lo sitúan en tiempos de Nabucodonor, pero lo cierto es que la mayoría de ellas se estableció bajo el Imperio romano, eligiendo ciudades de cierta importancia por su carácter artesanal y comercial. Así, el mayor número de comunidades judías se dio en Levante, Andalucía y Meseta Central.

Con el triunfo del cristianismo, su situación se hizo problemática por motivos religiosos, ya que la nueva religión consideraba a todo el pueblo hebreo culpable de la muerte de Jesucristo. Los visigodos no hicieron sino endurecer esta postura, confinándoles en barrios concretos, prohibiendo los matrimonios mixtos y la construcción de nuevas sinagogas, haciéndoles pagar impuestos especiales e inhabilitándoles para ocupar cargos públicos. Aunque se les permitió seguir manteniendo sus ritos y costumbres, a partir del IV Concilio de Toledo (siglo VII) no se les ofreció más opción que la conversión al cristianismo o la expulsión de la Península.

Detalle de relieve en yeso de la Sinagoga del Tránsito de Toledo, construida en el siglo XIV.

Las juderías

Las sinagogas eran muy sencillas y en ellas sólo destacaban el Arca de los Rollos de la Ley, situada en el muro orientado a Jerusalén, y los bancos reservados a los personajes notables de la comunidad hebrea.

A la llegada del Islam, la situación judía cambió gracias a la tolerancia musulmana con otras religiones. Las comunidades hebreas recibieron con alegría a los nuevos conquistadores, dando lugar en la España cristiana a leyendas según las cuales fueron directos colaboradores de la caída en la monarquía visigoda.

Bajo el Califato de Córdoba y las taifas, los judíos alcanzaron uno de sus momentos más esplendorosos. Reputados como médicos, astrónomos, científicos y administradores, gozaron del favor real hasta alcanzar los más altos cargos de la corte. Un ejemplo podría ser Hasday ibn Saprut (915-970), médico y político que fundó y sostuvo escuelas de medicina y astronomía en Córdoba, Granada, Toledo y Lucena, o los poetas Samuel ibn Nagrella (982-1055), ministro del rey de Granada, y Salomón ibn Gabirol (1021-1052), malagueño afin-

cado en Zaragoza. Mención aparte merece el gran médico y filósofo Moisés ibn Maimónides, cordobés que huyó al norte de África a la llegada de los almohades y luego a El Cairo, y cuya obra filosófica le hace ser el gran pensador judío de finales del siglo XII con su obra *Guía de Perplejos*.

Las juderías de esta época gozaron de vida propia regulada por unas ordenanzas *(taccanot)*, de cuyo cumplimiento se ocupaba un consejo de ancianos *(muccadenim)* y unos jueces *(dayyanim)*. A veces también existía un *bedin* que realizaba las funciones de policía.

La vida religiosa se centraba en la Sinagoga y la comercial en la alcaicería. En ésta se vendían toda clase de artículos, a diferencia de lo que ocurría en las musulmanas. La sinagoga, por su parte, era un recinto de oración bastante simple: se limitaba a una sala orientada hacia Jerusalén en cuyo muro de fondo se encontraba un pequeño nicho para guardar las escrituras sagradas, llamado Arca de los Rollos de la Ley. En el espacio inmediatamente anterior se hallaban los bancos reservados para los miembros destacados de la comunidad. El resto de los fieles varones se situaba detrás. Las mujeres tenían prohibida la entrada y seguían los oficios religiosos desde una habitación comunicada con la sala mediante balconcillos.

Interior de Santa María la Blanca de Toledo, sinagoga del siglo XIII o finales del XII que algunos autores identifican con la Sinagoga Mayor toledana. Convertida posteriormente en iglesia, su estilo está influido tanto por el arte almohade como por el arte mozárabe.

Las juderías

Junto a la Sinagoga y casi siempre formando parte de ella se encontraba la escuela religosa o Madrassa, y la vivienda del Rabino, encargado de supervisar que la vida de la comunidad fuera conforme a la Ley contenida en la *Tora* y el *Talmud*. Este último era la tradición oral y constaba de la *Misná*, recopilada en el siglo II d.C., y la *Guemará* o comentarios añadidos a aquélla. La *Tora* era (y es) la tradición escrita, revelada por Yahvé a Moisés, y recogida en el *Pentateuco*, los *Libros de los Profetas* y otros.

Las juderías no alcanzaron gran tamaño, cobijando las mayores a lo sumo cuatrocientas familias. Las más importantes fueron las de Córdoba, Sevilla, Jerez y Tudela, y su aspecto externo era similar al del resto de la ciudad hispanomusulmana. Las casas, humildes, solían tener en primer lugar el taller artesanal del cabeza de familia y, en su parte trasera, la vivienda y algún patinejo o establo. Una construcción típica fue la corrala o conjunto de casas alrededor de un patio interior, como forma de defenderse de persecuciones o algaradas.

Al tener una vida propia y regulada por la comunidad, las juderías estaban cercadas y separadas del resto de la población. También poseían cementerio propio o *macabar*.

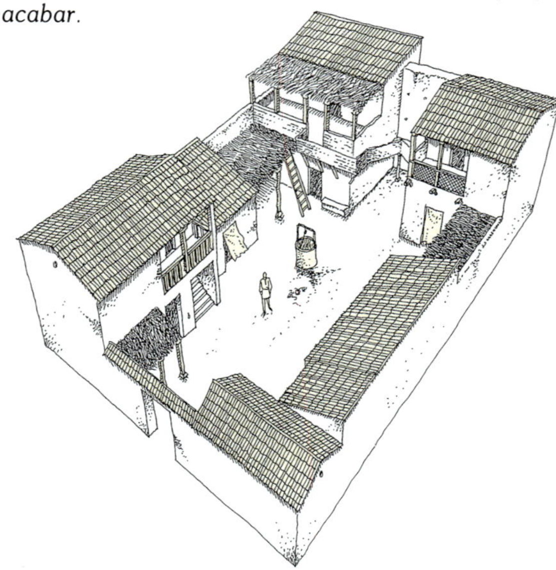

Rabino. Está tocado con un manto llamado talit y en su frente y brazos lleva las filacterias o cordones grabados con textos sagrados. A la derecha, corrala o conjunto cerrado de casas, típico de las juderías hispanas.

Arrabales, almunias y maqbaras

La medina quedaba rebasada muchas veces por la población que acudía a asentarse en ella, así fueron surgiendo los arrabales *(rabad)* levantados fuera del perímetro defensivo pero con una configuración muy similar a la de los barrios intramuros y amurallados a su vez. En muchos casos su superficie era mayor que la de la propia medina, quedando ésta como eje de la vida oficial y administrativa.

Más allá de los arrabales, los alrededores urbanos se caracterizaban por la abundancia de almunias (*al-Mounia*) o fincas de recreo que se multiplicaban, buscando un respiro a la estrechez de las medinas. Este fenómeno se acentuó en el siglo XI con los reinos de taifas. Muchas estaban fortificadas, pero la mayoría quedaba a merced de los ejércitos sitiadores. No importaba. Si sufrían saqueos las almunias se volvían a levantar y a cultivar, y la vida retomaba una normalidad casi siempre ficticia.

Los jardines *(al-Riat)* de estas almunias, muy parecidos a los romanos, contenían no sólo una vegetación con una finalidad meramente decorativa, sino también

Arrabal hispanomusulmán. Tan desorganizados como las medinas, los arrabales crecían conforme la población aumentaba, amurallándose muchos de ellos.

Almunias

árboles frutales y huertos. Signo de una manera de vivir que buscaba el desarrollo de las sensaciones, las almunias eran el marco de multitud de fiestas —Añaceas y Alerces, estas últimas celebradas luego de la vendimia— que no dejaron nunca de escandalizar a los cristianos del norte por su sensualidad, pero en las que participaban habitualmente cuando eran huéspedes de los musulmanes.

Abundantes en todo al-Andalus, convertidas en parques públicos en múltiples ocasiones, una de las más lujosas fue la almunia al-Mansura, levantada por el rey al-Mamúm (1043-1075) de Toledo frente al puente de Alcántara. La finca estaba fuertemente defendida, poseía un estanque en cuyo centro se erguía un pabellón con paredes de cristal, a cuya cúpula subía el agua para caer suavemente por los lados. La belleza y suntuosidad de este pabellón, conocido como Salón de la Noria *(Maylis al-Naura)*, gozaba de tal fama que cuando Alfonso VI conquistó la ciudad (1085) se preocupó de que quedase claramente establecido en las cláusulas del tratado de rendición que la almunia pasaría a ser propiedad suya. Casas de campo, parques, huertas, norias y molinos rodeaban las ciudades andalusíes y los cementerios o

Almunia califal. Las almunias eran casas de campo que se levantaban cerca de las ciudades para escapar del bullicio de las medinas.

maqbaras. Contrariamente a los cristianos, que enterraban alrededor de las iglesias, el Islam lo hacía fuera de los recintos urbanos, al pie de los caminos.

Discretas y sin adornos, las *maqbaras* acogían igual a los altos funcionarios que a los artesanos, representando la comunión en la fe y la igualdad ante Dios. Almanzor, por ejemplo, primer ministro de Hixam II pero califa de hecho, muerto en Medinaceli a consecuencia de las heridas recibidas en Calatañazor (1002), fue enterrado en aquella ciudadela sin que se sepa el sitio exacto de su inhumación.

Las tumbas eran igual de sencillas. Se señalizaban con simples estelas o lápidas y sólo se reseñaba el nombre del difunto y la fecha del fallecimiento, sin ninguna referencia a pasados méritos. A lo sumo, las inscripciones incitaban a observar el Corán o pedían una oración.

Maqbaras

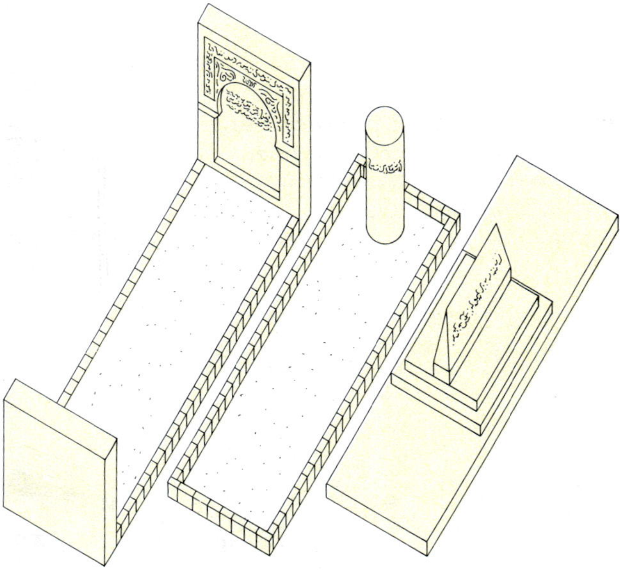

Tipos más comunes de tumbas musulmanas. La de la derecha del todo, lleva un resalte triangular en la parte superior, a veces, este último ocupaba toda la longitud del sepulcro y llevaba inscripciones piadosas. Abajo, manera de disponer el cadáver, vuelto hacia La Meca. Inhumado sobre un costado era muy normal sujetar la cabeza del difunto con piedras para asegurar que siguiese mirando a la Meca.

Maqbaras

Su tamaño era inferior al de las cristianas porque se disponía al difunto apoyado sobre un costado, con la cabeza vuelta hacia La Meca. El cuerpo se envolvía en un sudario para que no estuviera en contacto con la tierra.

Los únicos distinguidos luego de morir eran los *salijim* o personas piadosas y los ermitaños o *al-Murawit*. Sus ermitas o rábidas *(rawat)* se convertían a menudo en monumentos funerarios donde acudía la gente a orar, y alrededor surgían pequeños cementerios de fieles que deseaban ser enterrados junto a ellos.

En otras ocasiones el monumento funerario estaba dentro de la ciudad *(quba)* o en algún jardín en forma de pequeño pabellón *(rawda)*. La Alhambra poseyó uno de este tipo, donde descansaban los restos de los reyes nazaríes; estaba situado al sur del Patio de los Leones.

Considerada su fundación un acto piadoso, las *maqbaras* nunca perdían su aspecto calmado gracias a la vegetación que crecía en ellas (olivos, arbustos como el mirto, etc.). Visitadas sobre todo los viernes, tras la ora-

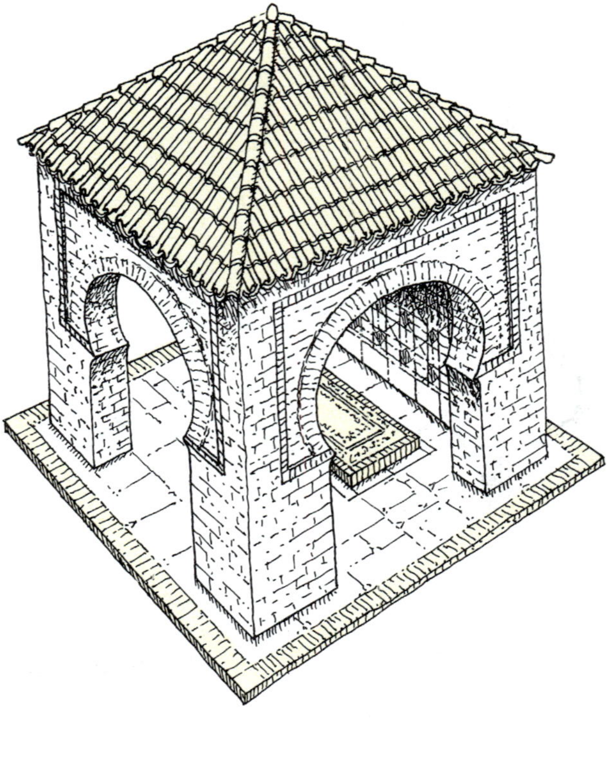

Las *qubas* eran monumentos funerarios erigidos en honor de personajes piadosos. Alrededor de cada *quba* solía formarse una pequeña *maqbara* o cementerio de fieles que deseaban ser enterrados junto a esa personalidad. En el dibujo uno de los modelos más usuales de *quba*.

ción común, a menudo servían de marco para el ejercicio de la prostitución: curioso contraste.

Otro elemento singular era la *sa'ria* o *musalla*, llanura utilizada para celebrar las fiestas religiosas del final del Ramadán así como las de la Pascua o rememoración del sacrificio de Abraham en la persona de su hijo Isaac. En uno de sus lados se alzaba un muro con un nicho desde el que se dirigía la oración. Al realizarse la conquista cristiana, las *sa'rias* pasaron a ser lo que conocemos como eras.

En estos espacios también se celebraban ejercicios militares, aunque había ciudades que para ello dedicaban otra explanada, la *musara*, donde se despedía y recibía a las tropas, se las pasaba revista (alarde o *al-Ard*) y que, circunstancialmente, servía de cadalso masivo: así fue en Córdoba cuando la población se levantó contra al-Hakem I (813) acusándole de libertino. Reprimida la revuelta, se crucificó boca abajo a treinta rebeldes en la *musara* cordobesa.

Sa'rias

Plano de la Granada nazarí con su distribución por barrios. Las *sa'rias* están señaladas con (S), mientras que (1) son mezquitas de barrio y (2), la mezquita aljama o mayor.

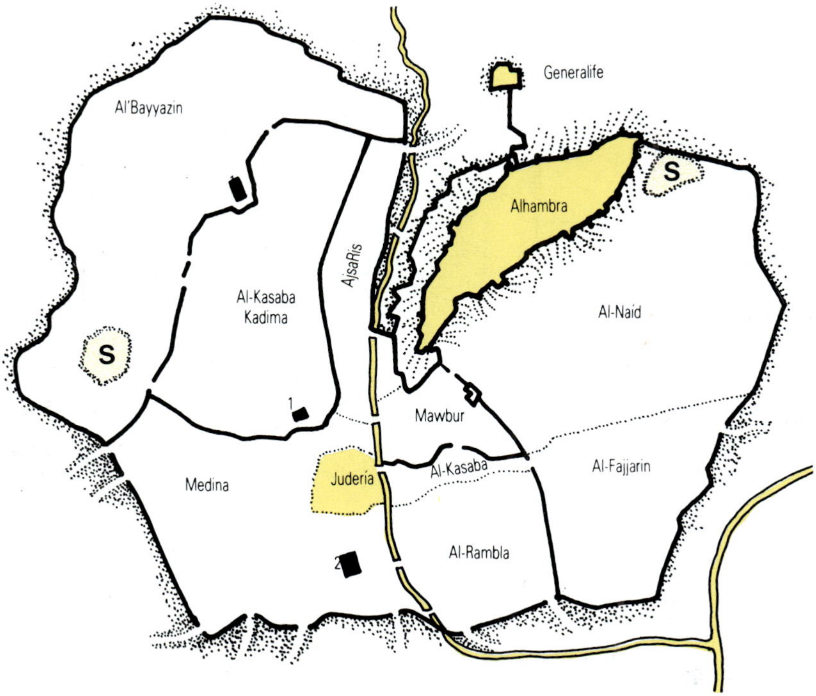

La mezquita

La Mezquita

Muerto Mahoma e iniciada la expansión del islamismo, sus seguidores utilizaron iglesias cristianas para orar. Pero como no siempre conquistaban tierras donde las hubiera, se vieron en la necesidad de construir recintos sagrados propios. Sin gran tradición constructiva, su modelo fue la casa del Profeta en Medina.

Esta consistía en un patio cuadrado protegido en su parte Sur —destinada a oración y reunión— mediante una techumbre de hojas de palma, mientras que la vivienda estaba en la pared oriental. Si en un principio los fieles se volvían hacia Jerusalén para rezar, ya en vida de Mahoma se fijó la dirección de La Meca, centro religioso de Arabia.

Una de las primeras mezquitas levantadas según este esquema fue la de Kufa en Siria, con tres elementos que se mantuvieron en las posteriores: un gran patio o *shan*, la sala de oración o *liwan* y el muro que señala hacia La Meca o *quibla*. El Califa omeya al-Walid, al recons-

Reconstrucción de la casa de Mahoma en Medina. De este esquema tan simplista derivará la distribución futura de las mezquitas.

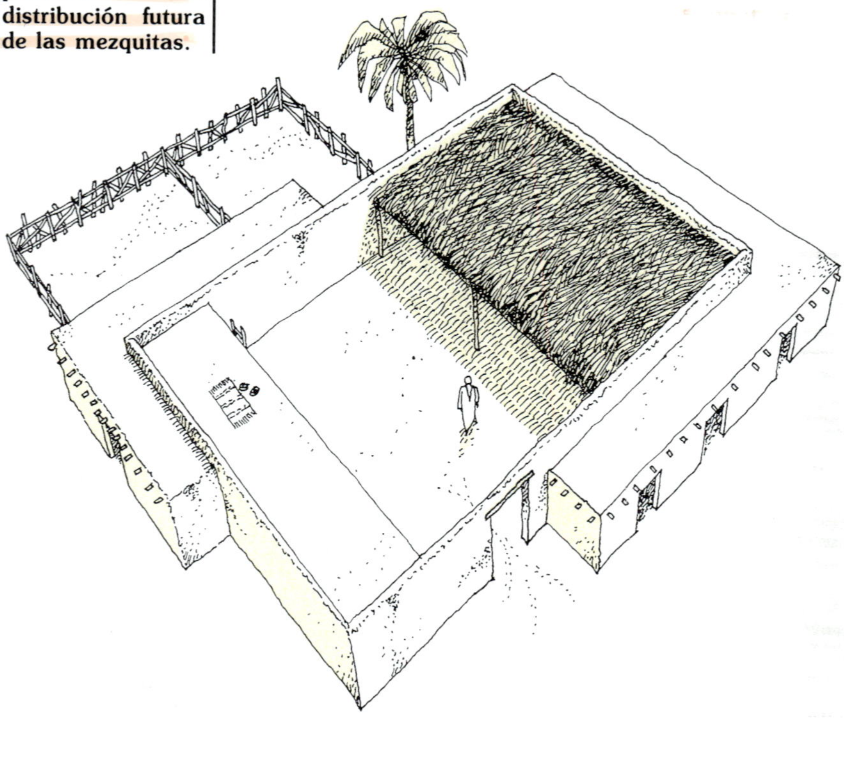

truir la casa de Mahoma en Medina, aportó otra novedad: un nicho en la *quibla,* llamado *Mihrab,* desde el que dirigir las ceremonias.

El Alminar o torre para llamar a la oración aparece en la mezquita que este mismo califa levantó sobre la iglesia de San Juan Bautista al conquistar Damasco.

La unión de estas características y otras agregadas luego dieron lugar a un conjunto formado por un patio con un alminar adosado al muro donde está la puerta de acceso; este alminar acaba en una terraza a la que sube el encargado del recinto o Almuédano *(al-Muaddin)* para avisar de los distintos rezos diarios. En el patio hay un estanque o fuente para lavarse antes de entrar en la sala de oración, abierta en la pared opuesta a la del alminar por medio de arcadas sin puertas.

El *liwan* se sostiene mediante filas de columnas perpendiculares al muro *quibla,* que está al fondo. En las mezquitas importantes las filas del centro son más elevadas que el resto, para dar magnificencia al recorrido hacia el *mihrab*. El espacio inmediatamente anterior al mismo se realza por medio de cúpulas.

La mezquita

Liwan **de la mezquita de Córdoba. Levantada sobre una iglesia visigoda, no dejó de ampliarse hasta Almanzor. Su peculiar estilo, la hace una de las más bellas del Islam.**

La mezquita

Mezquita hispanomusulmana. Destacan las almenas del alminar, basadas en las de la mezquita de Córdoba. Arriba, arco lobulado cordobés.

El *mihrab* sirve para albergar al director de la oración y está ricamente decorado. A su lado hay un asiento elevado, o *mimbar,* desde el cual los *faquíes* o expertos en Corán dictan sus clases. Es frecuente que el espacio anterior al *mihrab* esté acotado con celosías o biombos, formando la *maxura.* Su origen se debe al mencionado al-Walid, que pretendía así protegerse de posibles atentados. Hay otro tipo de *maxura* para limitar el sitio ocupado por las mujeres.

Al ser un recinto de oración y no la casa de Dios —eso la diferencia de las iglesias y la acerca a las sinagogas— la mezquita está pensada para que su visita resulte cómoda y agradable. De ahí que el suelo se cubra de alfombras y que su iluminación se realice a través de una serie de tragaluces practicados en el techo, o de lámparas *(Kandil)* que penden de él. Esa es también la razón de su austeridad decorativa: evitar la distracción de quien se dirige a Dios.

Las Aljamas andalusíes

La mezquita es un desarrollo arquitectónico omeya que en Hispania tuvo peculiaridades concretas: su orientación, no siempre hacia La Meca sino hacia el Sur y el uso de elementos decorativos romanos y autóctonos,

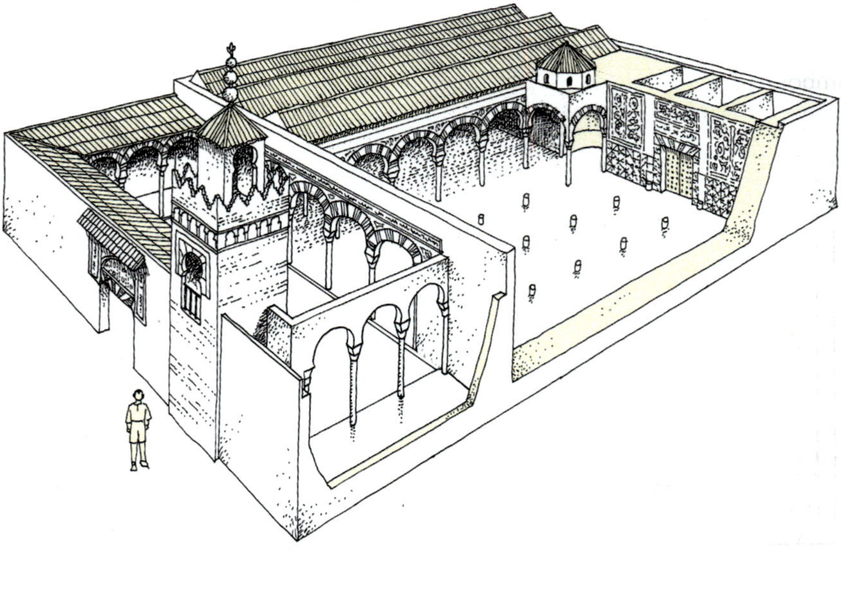

como el arco de herradura. Otras características son la creación de cámaras detrás de la *quibla* para guardar objetos de culto, así como el empleo de símbolos solares en el *mihrab*.

Casi todas ellas se inspiran en la mezquita de Córdoba, modelo para las restantes de al-Andalus y para las del norte de África, y se realizan conforme se va ampliando su recinto.

El arco de herradura lo habían empleado ya los visigodos, que lo importaron de Oriente. Conviene recordar que los monumentos del Islam español fueron creación casi exclusiva de los hispanos y que éstos echaron mano para levantarlos de la decoración que conocían.

En cuanto a las arcadas formadas con dovelas de piedra y ladrillo, su origen parece estar en el acueducto romano de Mérida, realizado de esta manera. La modalidad pasó a la arquitectura civil, quedando como estilo puramente califal.

Los símbolos son muy interesantes. El arco de entrada al *mihrab* cordobés imita los rayos solares, queriendo significar que, al igual que éstos, las palabras del imán iluminan a quien las oye. Su cúpula, además, tiene forma de concha, recipiente de la perla de la sabiduría que se abre al amanecer. Esta concha será la misma que luego lleven los peregrinos de vuelta de Santiago de Compostela. Otro símbolo empleado es el octógono sobre el que descansa la cúpula anterior al *mihrab*, figura que simboliza el paso del cuadrado o mundo terrestre al del círculo o mundo sobrenatural.

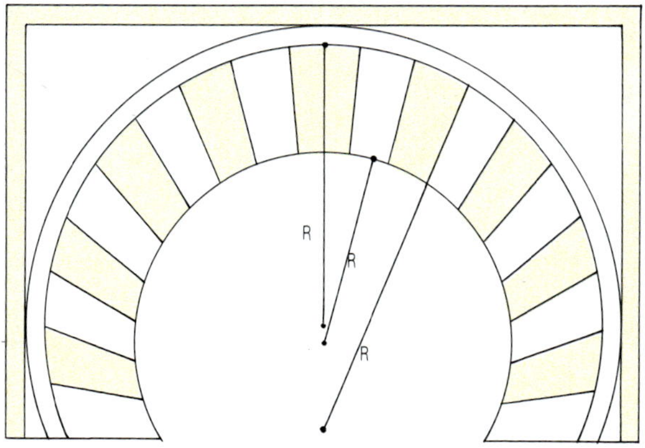

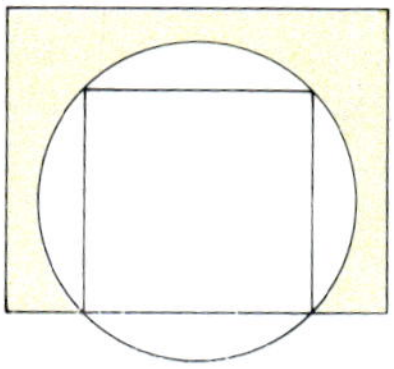

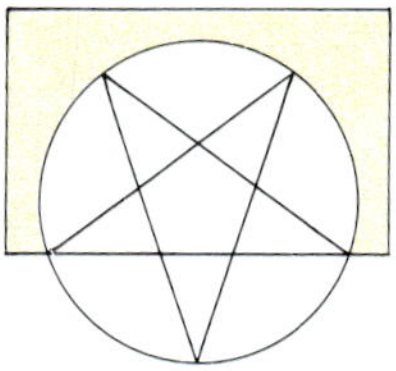

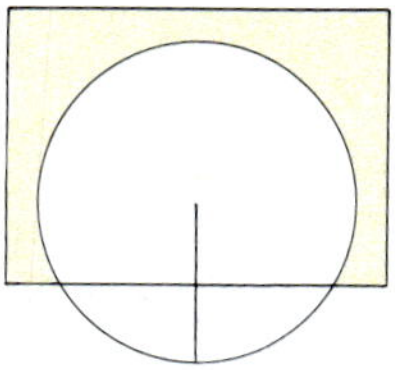

Esquema de arco con dovelas de piedra y ladrillo queriendo representar los rayos solares. Arriba, tres de las formas más comunes de defenir un arco de herradura.

Por último, hay que considerar la cuestión del nombre. En la Península las mezquitas mayores se llamaron aljamas por derivación del término *Jhammi* (reunión) referido al agrupamiento de la comunidad alrededor de la oración del viernes. Sin este sentido religioso, pero por su propio significado, también se aplicó a las mozarabías y juderías, pasando luego a la España cristiana para definir los barrios donde vivían minorías judías o musulmanas.

Casa hispanomusulmana. Es de notar el zaguán, con las puertas de acceso al patio en zigzag para preservar la intimidad, y el ajimez o ventana con celosía del *harem*.

La casa hispanomusulmana

La vida en las ciudades andalusíes se hacía en la calle y la casa era el refugio al que se volvía en busca de sosiego y paz. Aunque no hubo un modelo fijo, al menos sí existió una pauta común entre los estamentos adinerados: la preservación de la intimidad, plasmada en el zaguán de entrada, acodado para que desde la calle no se viera el interior, y en el *harem* o zona donde la mujer realizaba tareas domésticas al abrigo de ojos curio-

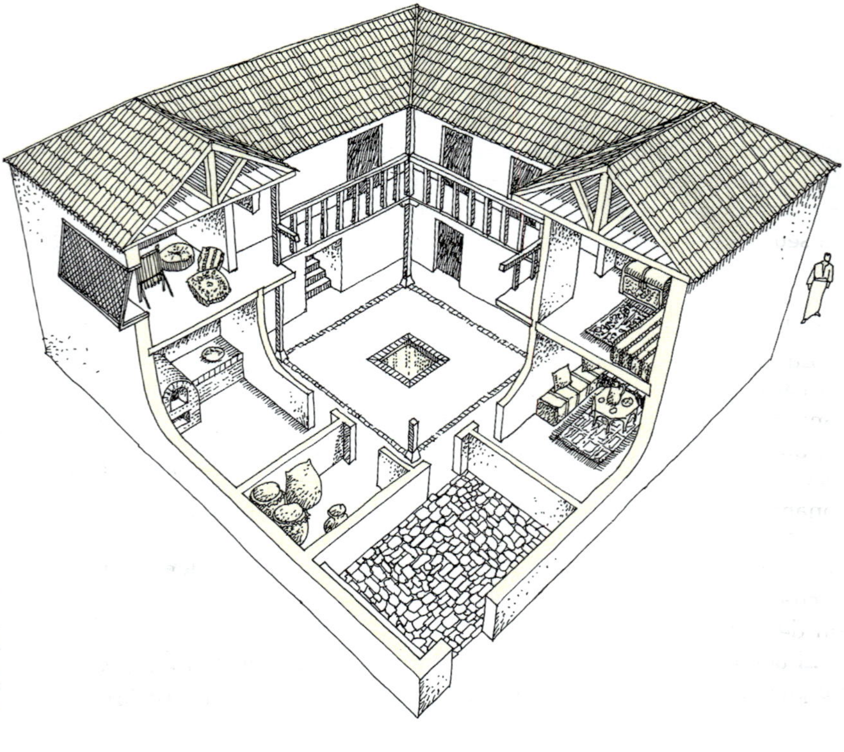

sos. A él sólo entraban familiares o amistades íntimas e igual podía ocupar un ala entera que una sola habitación. Las ventanas o balconcillos del *harem* tuvieron, a partir del siglo XII, unas celosías llamadas ajimeces.

Salvando estos detalles, la casa hispanomusulmana era la misma de griegos y romanos: una serie de piezas abiertas a un patio interior para combatir el calor del verano. Todas las residencias reales andalusíes se construyeron en función de estos espacios abiertos, dotados de albercas para refrescar el ambiente.

Las casas de la gente de a pie eran muy diferentes y casi nunca pasaban de una o dos habitaciones en las que se hacinaba toda la familia. Pobres, hechas con materiales de baja calidad, pegadas unas a otras y sin más hueco que la puerta de entrada, a veces formaban callejones ciegos con acceso común llamados adarves (*darb*). En las juderías era normal formar manzanas cerradas o corralas para protegerse de presuntas persecuciones.

El mobiliario del pueblo llano era escaso: poco más que arcones para almacenar el ajuar doméstico. Dormían en esteras o jergones. La vestimenta era mínima: un único vestido por persona, que continuamente había que parchear y arreglar. Para el frío se llevaban capas o mantos de lana y chalecos de piel. En general, en al-Andalus se vestía como en los reinos cristianos, al menos durante el Califato. Las modas orientales sólo se seguían en la corte, y el turbante estaba restringido a los hombres de leyes. A partir de las taifas su uso se hizo más corriente, pero el resto de las prendas siguió siendo similar a las de los vecinos del Norte.

La higiene ciudadana dejaba mucho que desear. Si las casas acomodadas se abrían a un patio casi sin ventanas al exterior no era sólo para aislarse, sino para evitar que el mal olor y el polvo de las calles llegaran hasta ellas. Sin servicio de recogida de basura, ésta se amontonaba en los solares, llenando el ambiente de una fetidez únicamente soportable por haber nacido con ella. Si se recogía, se depositaba al pie de las murallas con lo cual se reunía la podredumbre en un mismo sitio pero sin dejar de evitar sus efectos.

El agua potable, conducida por cañerías *(al-canna)* de piedra o barro desde los veneros hasta las fuentes

La casa

El ajuar, de las casas hispanomusulmanas era muy rico, sobre todo en alfombras, tapices, arquetas y mobiliario auxiliar. Este recipiente es un pequeño bote de marfil para contener perfumes, de la época de Alhakén II (961-976).

públicas, solía contaminarse con los productos de los curtidores o tenedores, cuando no con las aguas fecales, lo que empeoraba la precaria salud de la población, aquejada de frecuentes infecciones y azotada por plagas y pestes.

Sin embargo, hay que decir que estas condiciones fueron las mismas desde que la Humanidad inventó la ciudad y que los cascos urbanos cristianos era aún peores. Al menos los habitantes andalusíes se lavaban regularmente y disponían de baños, letrinas públicas y buenos médicos.

Alcazabas y defensas

Las ciudades estaban amuralladas porque ninguna se encontraba a salvo de los ataques cristianos o de las revueltas internas. La muralla era la mejor garantía ante los asaltantes, que casi siempre tenían que rendir la plaza por hambre o sed, ya que carecían de maquinaria apropiada para derribar el muro protector.

El método normal de asedio consistía en horadar la muralla con pasadizos o minas, pero no siempre se conseguía, a causa del hostigamiento de los cercados. Cuando una ciudad se rendía era por dos causas: la toma

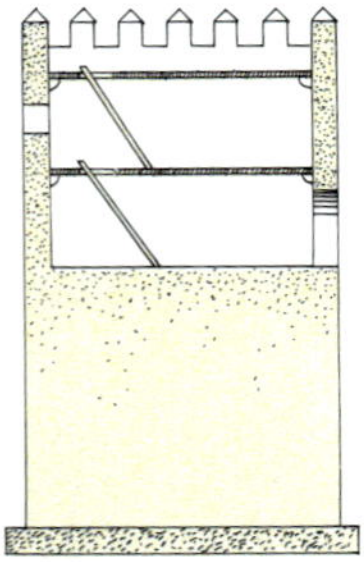

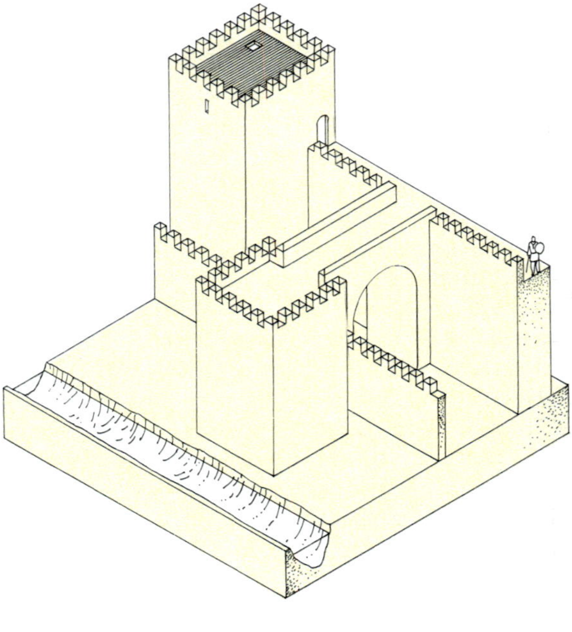

Esquema de fortificación con foso, barbacana o muralla baja, torre albarrana, y muralla principal con el adarve o paseo de ronda. Arriba, sección de torre. Por regla general la base de las torres era maciza hasta una altura suficiente como para evitar los impactos de los posibles proyectiles que se lanzaran contra ella.

por sorpresa, o después de un cerco prolongado y previa negociación. El *Poema del Mío Cid* narra cómo éste asaltó Castejón, en Guadalajara, con la primera fórmula: su tropa se emboscó durante la noche y al amanecer, cuando los habitantes abrieron las puertas para dirigirse al campo, irrumpió en el interior, matando a quince defensores.

Hasta los siglos XI y XII los cristianos no pudieron hacer otra cosa que asolar los alrededores de los núcleos urbanos, al ser incapaces de sitiar otras ciudades que no fueran las fronterizas, ya que los andalusíes aplicaron fórmulas de defensa bizantinas y orientales, muy avanzadas para sus adversarios.

Lo primero que se estudiaba al amurallar una ciudad era su perímetro; vistos los puntos débiles, en ellos se

Las defensas

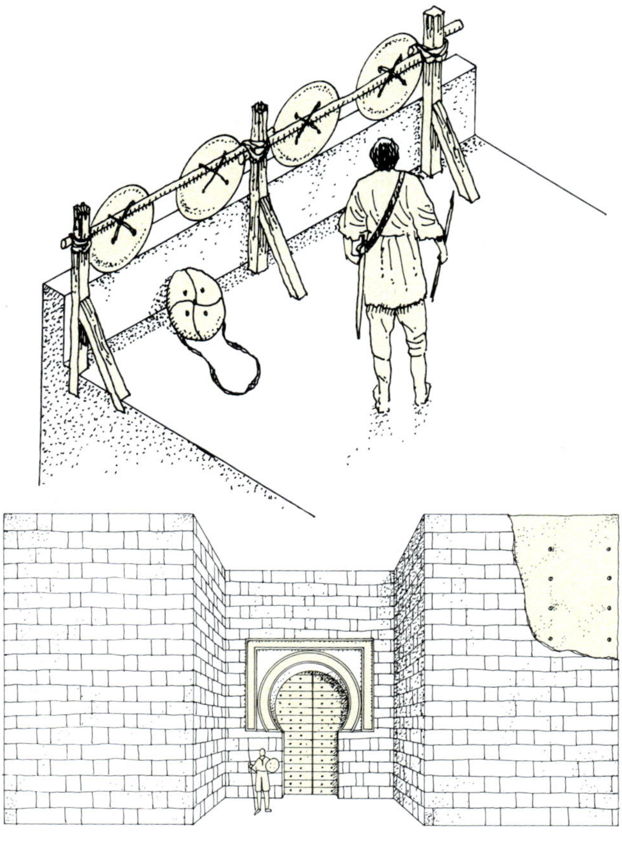

Modo de disponer los escudos sobre la muralla cuando no se disponía de almenas que en tiempos del califato era lo habitual. Debajo, puerta protegida por torres. Está construida en tapial dado de llana imitando bloques de piedra para evitar que los sitiadores pudieran apreciar las partes débiles de la construcción; además los muros se "blanqueaban" para deslumbrar a los atacantes.

Las defensas

reforzaba el muro. Por pura estrategia, se levantaban torres cada veinte o treinta metros, alcance supuesto de los proyectiles a arrojar desde ellas.

La cuestión fundamental de toda fortificación era poder alcanzar al mayor número de atacantes con fuego cruzado. Por ello, a las torres de la muralla se sumaban las albarranas (*al-Barrani:* exterior), que sobresalían del trazado para hostigar mejor a quienes pretendían minarla o escalarla.

Hasta el siglo X las ciudades tuvieron un solo perímetro amurallado, pero a partir de entonces se añadieron dos o tres, según la importancia de la plaza. Algo después surgió la barbacana o muralla baja, que antecedía a la principal y dificultaba el asalto directo. Delante de la barbacana podía haber un foso. Los alrededores inmediatos a la ciudad se talaban y despejaban para evitar emboscadas. Este anillo yermo se llamaba *egido*.

El agua, vital para soportar un asedio, no siempre se encontraba dentro de la ciudad o junto a ella. Si así era, se trazaba una muralla o empalizada hasta el lugar de abastecimiento —río, arroyo o pozo—, protegiendo éste a veces con torres. Estas defensas se llamaban *corachas* y evitaban el corte de suministro.

Había pocas puertas, al ser puntos débiles. En caso de cerco se tapiaban todas, menos la mejor defendida para poder salir de descubierta o recibir por ella víveres o refuerzos.

Durante la primera etapa del Califato las puertas eran un simple hueco practicado en la muralla, cerrado con

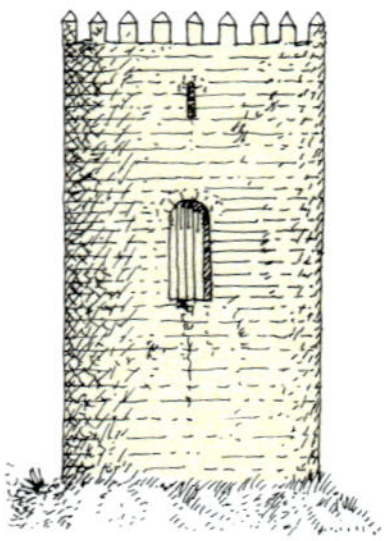

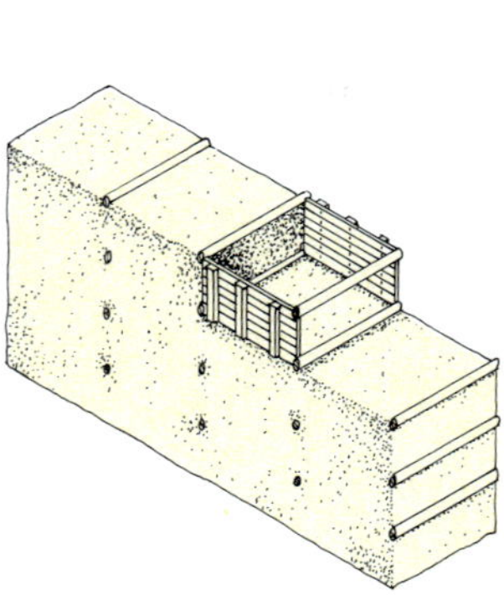

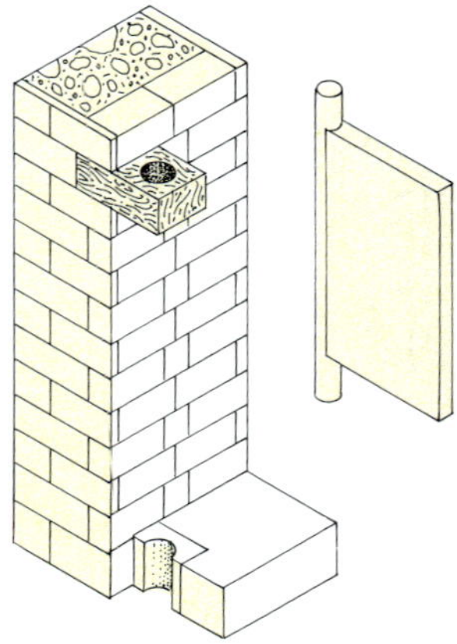

Torreón fronterizo para vigilar movimientos de tropas. La entrada está a cierta altura para evitar ataques por sorpresa. Abajo, forma de construir con tapial, a base de encofrados realizados con molde. Los postes laterales de los moldes se dejaban en la estructura para fortalecerla. A su lado, esquema de gozne de puerta de muralla.

dos hojas de madera forradas de hierro o cuero para hacerlas, al menos en teoría, incombustibles. Pero Abderramán III introdujo una innovación: la puerta doble con corredor de por medio.

A partir del siglo XI los accesos a las ciudades se abrieron en torres, construidas con trazado acodado para frenar a la caballería enemiga que lograra entrar. El acodamiento, ya conocido por los romanos, era perfecto para alcanzar a los atacantes por los flancos, y fue desarrollado más adelante por los nazaríes granadinos.

Más tarde se añadieron a las puertas otros elementos: los *matacanes* o balconcillos para arrojar proyectiles, y los *rastrillos*, ya típicamente granadinos aunque es posible que se utilizaran con anterioridad. A veces, en la parte superior de la muralla se montaban balconadas de madera llamadas *cadahalsos*, con la misma función que los matacanes.

Los métodos de construcción eran varios: desde el empleo de sillares rectangulares dispuestos en hileras hasta una mezcla de piedra y mortero de cal, pasando por el tapial, uno de los eficaces. Este consistía en una argamasa de grava, arcilla y cal aplicada con moldes, que resultaba inmune a proyectiles de cierto calibre.

Murallas y torres se unían mediante un corredor interior llamado *adarve* (la misma palabra utilizada para nombrar los callejones) y se remataban con almenas de forma piramidal. Cuando no existían éstas, se suplían a base de los escudos de los defensores, montados sobre postes.

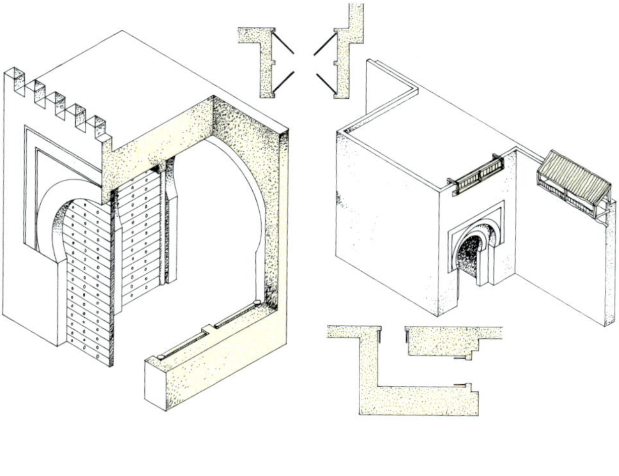

Las defensas

Esquemas de puerta doble, y acodada. La puerta doble nace a partir de Abderramán III, mientras que la acodada es de época nazarí; esta última cuenta con un matacán sobre la entrada, y un cadahalso en la muralla para permitir arrojar objetos a los atacantes y protegerse mejor del fuego enemigo.

Las defensas

Si la ciudad era importante, tenía castillo *(al-Qasar* o *al-Qalat)*. Si en él vivía la autoridad civil o militar se llamaba *al-Qasaba* o alcazaba, fortificación independiente de la medina, con murallas propias. En ella se alojaba una guarnición con todos sus servicios: algibe de agua, residencia para la tropa, talleres de fabricación de armas, enfermería, mezquita, etc. Su disposición no era fija, pero solía tener dos recintos, uno con lo dicho y otro más amplio para ejercicios militares. Ocupaba la parte más alta de la medina y no siempre estaba adosada a ella.

Otras piezas defensivas eran las torres de vigilancia de las zonas fronterizas, situadas en montículos o pasos estratégicos, desde las cuales pequeñas guarniciones se encargaban de la vigilancia de los movimientos de tropas enemigas, y si detectaban alguno rápidamente ponían sobre aviso a las plazas importantes por medio de hogueras y señales luminosas. Estas torres tenían la entrada a cierta distancia del suelo, para impedir el acceso directo a las mismas.

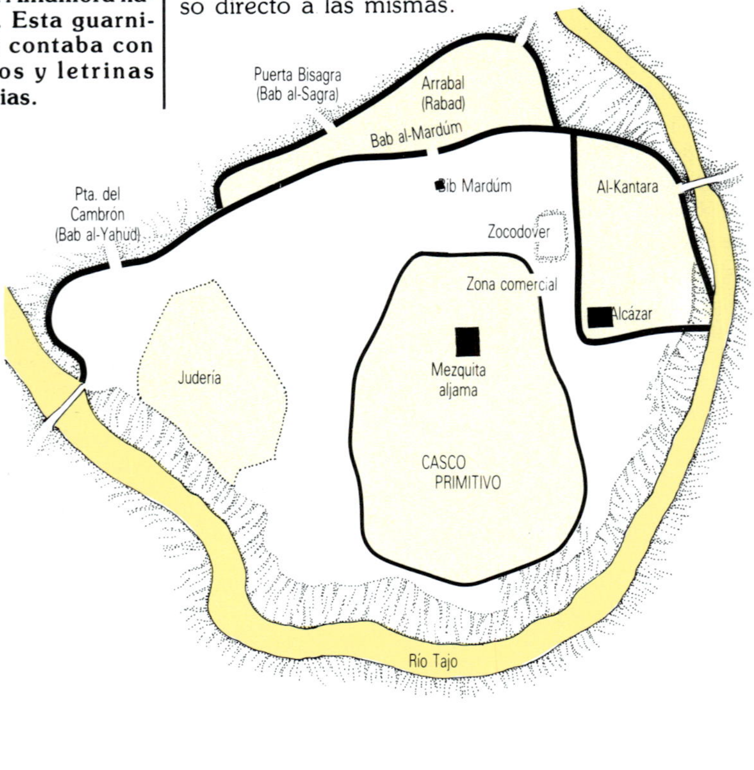

Toledo musulmán. La muralla ceñía la ciudad por la zona menos defendida, es decir, por la opuesta al río Tajo. El Alcázar se hallaba en la cota más alta del recinto. A la derecha, vista de las casas del cuartel de la Alcazaba de la Alhambra nazarí. Esta guarnición contaba con baños y letrinas propias.

4

La vida de los cristianos del Norte

Contra lo que mucha gente cree, Asturias fue ocupada por los ejércitos musulmanes, lo que no impidió que algunos partidarios de Roderico se refugiaran en sus montañas en vez de dirigirse a la Galia. Entre ellos se encontraba Pelayo, noble de segunda categoría que emigró con su familia a la zona de Cangas de Onís, y que logró organizar en torno a su persona la resistencia de las tribus astures frente al Islam, hasta conseguir, en el 722, una pequeña victoria en un paraje de los Picos de Europa conocido por Covadonga.

Esta escaramuza, unida al poco interés que Asturias despertó en Córdoba y al empeño musulmán por conquistar la Galia, hizo que, durante algo más de una década, la región se viera libre de ataques islámicos, tiempo sobrado para que Pelayo y sus seguidores organizasen el gobierno de la zona.

A la muerte del cabecilla (737), su hijo Fávila heredó el trono y el espíritu de resistencia.

Astures y visigodos combaten contra tropas musulmanas. Éstas van armadas con un equipo más ligero que el de sus oponentes, alguno de los cuales lleva cota de malla corta de tradición romana.

Los pueblos del norte

Astures, cántabros y vascos

Los astures (habitantes de lo que hoy es Asturias) que se unieron a Pelayo, eran transmontanos, y nunca se integraron del todo en el Imperio romano. El emperador Trajano (98-117), por ejemplo, consideraba bárbaros a los legionarios de esa zona que participaron en la campaña de Dacia.

Confinados en sus montañas y mal comunicados con la Asturias Augustana (actuales León y Zamora), conservaron su independencia y costumbres a cambio de no levantarse contra Roma. Al empezar la decadencia imperial recobraron su espíritu guerrero, saqueando las regiones vecinas cuando sus cosechas eran insuficientes. Esta situación duró trescientos años hasta que dejaron de hostigar a la monarquía visigoda.

La astur era una de tantas tribus norteñas. Al Este, llegando hasta los Pirineos y valle del Ebro se encontraban cántabros, autrigones, caristios, várdulos y vascones, igual de indiferentes a las costumbres y formas de vida romanas. Fueron estas tribus las que resistieron al Islam, seguramente guiadas por el celo de conservar su autonomía.

A pesar de tener en común ese espíritu independiente, no todas coincidieron en cuanto al grado de aislamiento. Los vascos fueron los más encerrados en sí mismos, pero sabemos que hubo legionarios cántabros en Judea, várdulos en Escocia e Inglaterra desde finales del siglo I al III, y astures en Egipto en el siglo IV.

El cristianismo tuvo una aceptación irregular. Propagado desde las guarniciones militares, su penetración fue relativa. En Astorga hubo un obispo que apostató du-

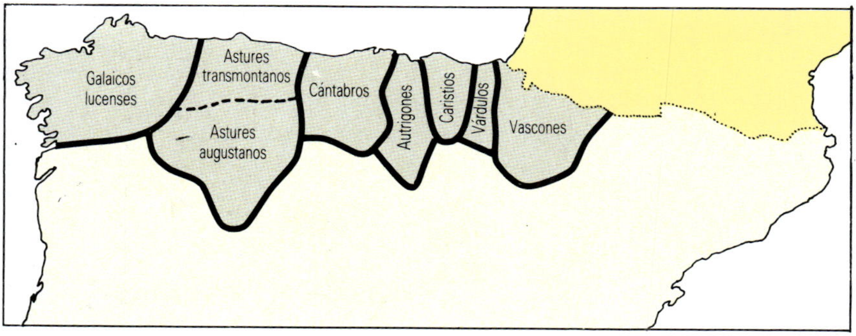

Mapa de la distribución tribal del Norte de España, según una interpretación hecha por Claudio Sánchez-Albornoz, basándose en datos obtenidos en las fuentes romanas clásicas.

rante la persecución de Decio (250). No obstante, hacia el siglo IV la Asturias Transmontana, al igual que Galicia, estaba prácticamente cristianizada. No ocurrió lo mismo con los vascos, que empezaron a serlo en el siglo IX, pero tan débilmente que en el XV aún no lo estaban del todo.

En el resto del Norte, las religiones propias no se olvidaron aunque se enmascararon bajo el cristianismo. Su característica común fue la creencia en un dios masculino y guerrero, y una diosa agraria y fértil. Al primero se le sacrificaban hombres, machos cabríos y caballos, y a la segunda, la luna, se la adoraba en los plenilunios. Junto a estas deidades existían otras menores y una tendencia al animismo, es decir, a dotar de vida a todo ser u objeto: árboles, animales, fuentes, etc.

Quizá por la fuerza de estas creencias la victoria de Pelayo se produjo en una cueva (elemento femenino y signo de fecundidad) y el primer templo de la monarquía astur, el de la Santa Cruz en Cangas de Onís, se levantó sobre un monte considerado sagrado.

Una pobre economía

Para suceder a Fávila, muerto a los dos años de reinado, como consecuencia de las heridas recibidas durante una cacería de osos, se escogió al marido de su hermana Ermesinda, Alfonso I, que agregó a la recién nacida monarquía Cantabria y Galicia. Pero a pesar de este crecimiento, la existencia astur siguió siendo precaria por las malas técnicas de cultivo (en vez del arado, minoritario, se usaban unos aperos muy rudimentarios llamados layas o cambelas) y las escasas tierras aptas para la labranza.

Guerrero astur armado con lanza, azagaya, honda, y pequeño escudo redondo o broquel de tradición prerromana.

La dieta de cereal consistía en trigo, cebada, mijo, centeno y avena, trillados con mayales o golpeando las gavillas contra la piedra. Una vez cribado, el grano se molía a mano y se secaba al calor de la lumbre para evitar que se pudriera. El almacenamiento se hacía en hórreos, nacidos en Asturias y extendidos por todo el Norte. Los cántabros consumían harina de bellota como alimento básico.

La propiedad estaba muy repartida aunque había terrenos que se adjudicaban por sorteo anual o se labraban entre toda la comunidad. En este caso se repartía proporcionalmente la cosecha, penándose severamente a quien se apropiara indebidamente de ella. También eran comunales el pasto y la leña.

La herencia se transmitía por vía femenina, según las reglas del matriarcado o predominio de la autoridad de la mujer. Era la hija mayor quien heredaba y dotaba a sus hermanos si éstos abandonaban la casa.

La ganadería también era pobre. Los cántabros criaron cerdos, cabras y caballos, animales estos últimos que consideraban sagrados. Las otras tribus también criaron vacas y ganado lanar.

El ganado lanar cobró importancia al irse ocupando las tierras cercanas al Duero y el Ebro, ya que era muy fácil de transportar por su ligereza y movilidad cuando había que huir de las tropas enemigas. El ganado vacu-

Agricultura y ganadería

Las layas o cambelas eran aperos para laborar la tierra en sustitución del arado. Estos modelos son asturianos y vascos. A su lado, un mayal para trillar las mieses, consistente en dos palos unidos por una cuerda. También se trillaba golpeando las gavillas contra una piedra.

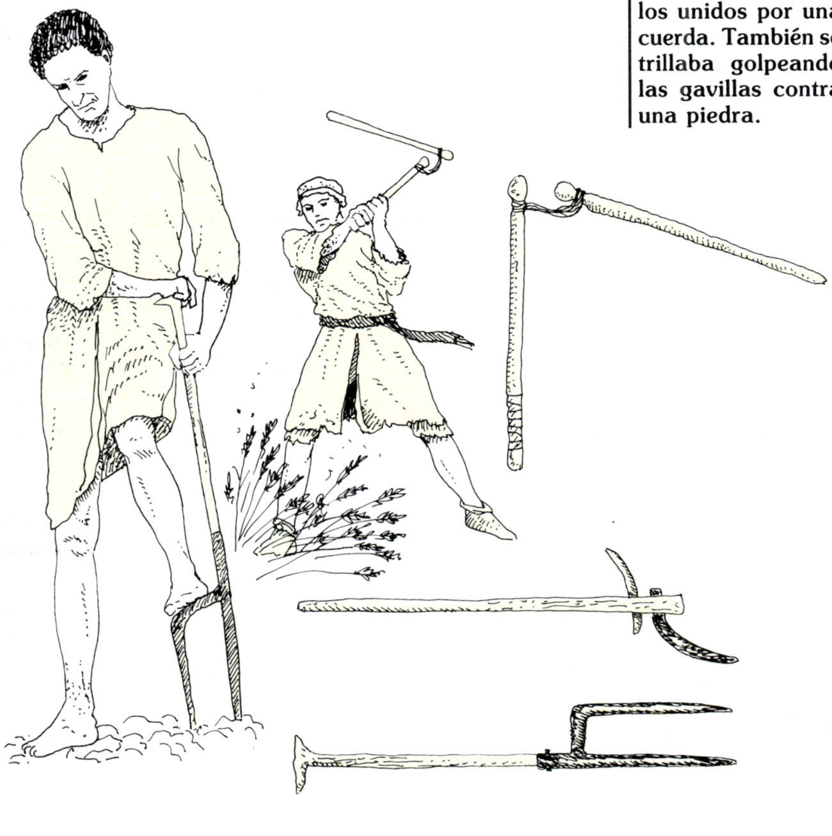

Agricultura y ganadería

no, criado en el monte, se utilizó para carne, y para leche y tiro el criado en las casas.

Su cuidado seguía las estaciones. En verano se subía a los pastos altos —Seles o Brañas— y en invierno se bajaba a los valles. En ambos casos la comunidad pagaba a los pastores.

La caza de cabras monteses, ciervos, jabalíes, osos, lobos, etc., era más un deporte que una fuente de recursos, y se practicaba regularmente para proteger el ganado y para que los jóvenes demostraran su valor y destreza.

Los poblados astures, cuya fundación, a veces, se remontaba a la Edad del Hierro, eran recintos cercados por una empalizada y un foso. En su interior, además de las casas, contaban con espacios para guardar el ganado en caso de asedio.

Poblados y casas

Al ocupar una zona que, en general, había sido poco romanizada, la España cristiana contó con pocas ciudades. Pamplona, por ejemplo, era llamada Iruña (ciudad en lengua vasca) porque era la única de ese territorio. Pelayo eligió Cangas de Onís como sede de su reino por su proximidad a los Picos de Europa, no porque fuera un centro urbano de importancia. En la zona catalana sí existieron urbes romanas, aunque se hallaban poco pobladas.

La primera «gran» ciudad astur fue Oviedo, donde Fruela (757-768), sucesor de Alfonso I, levantó varias iglesias y una residencia junto a un monasterio fundado poco antes. Alfonso II (791-842) la convirtió en capital, erigiendo un palacio real, baños y tres templos dedicados a San Salvador, Santa María y San Tirso. También la fortificó y dotó de abastecimiento de agua por medio de un acueducto.

Pero esta capital era muy modesta. A pesar de sus monumentos, el casco urbano lo formaban casas de piedra, pizarra y madera. Éstas eran rectangulares, con techo de tablas recubiertas de retama o piorno que se cambiaban periódicamente, y en su interior convivían hombres y bestias en dos estancias pequeñas y comunicadas entre sí.

Otro tipo de casa era la palloza o choza circular, una construcción que abundaba fundamentalmente en el suroeste de Asturias y norte de León, y de la que todavía se conservan algunos ejemplos.

El resto de los poblados y aldeas no fueron muy grandes y en ellos sólo destacaba alguna torre de defensa. El perímetro estaba circundado por un foso y un talud, hecho con la tierra sacada de aquél, a veces reforzado mediante un muro de piedra o con troncos de madera.

Poblados

Casas astures, realizadas en piedra o madera, y con techumbre de piorno o retama. La rectangular tenía la zona de ganado separada de la zona de vivienda. A su lado una palloza, aún en uso en ciertas zonas leonesas. Al fondo, un hórreo asturiano. Estos graneros se extendieron por todo el Norte, dando lugar a muchos tipos de variantes.

5

Los habitantes de la frontera

En la primera mitad del siglo IX, Alfonso II decidió ampliar el límite de las tierras astures hasta más allá de la Cordillera Cantábrica, animado por sus victorias frente a los ejércitos cordobeses.

Esta repoblación dirigida a Galicia, a la cabecera del Ebro y al Duero es vital, por su importancia estratégica, para entender el desarrollo cristiano frente al Islam.

La zona norte de la Meseta Central estuvo poco habitada desde finales del Imperio romano, sin que sepamos muy bien las causas. Quizá su población la formaran labradores estables o pastores trashumantes mezclados con ermitaños solitarios y bandas de salteadores, sometidos todos ellos a condiciones de vida muy duras.

Las expediciones musulmanas no se internaban en esta zona, ya que no tenía suficientes cultivos como para mantener a ejércitos en marcha. Preferían subir por Mérida hasta Galicia, o seguir la ruta que unía Córdoba con Toledo y Zaragoza, para luego remontar el Ebro. De ahí la importancia de repoblar esta región: desde ella se podrían dirigir campañas contra las plazas fronterizas de al-Andalus, mientras se creaban fortificaciones al nor-

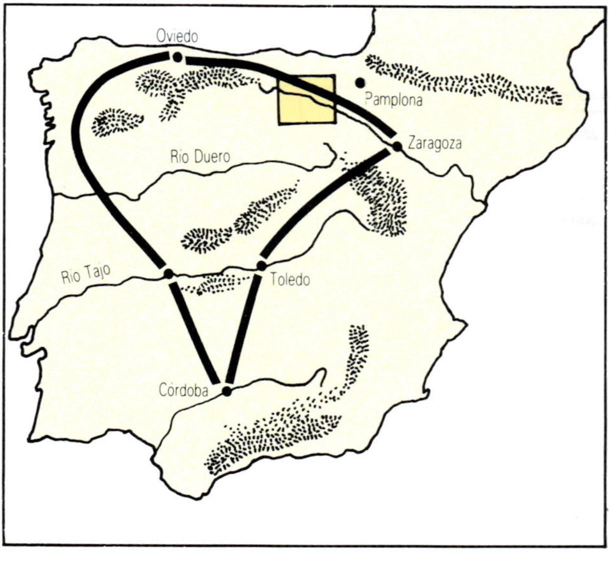

Estas eran las rutas seguidas por los ejércitos musulmanes para acceder al Norte peninsular. El recuadro muestra la “zona de entrada” al reino astur, punto conflictivo al que enseguida se dirigieron los afanes repobladores cristianos.

te de la actual provincia de Burgos para evitar ataques directos.

La repoblación la llevaron a cabo colonos que, en nombre del rey, tomaron posesión (*presura*) de las tierras elegidas. La Iglesia y los nobles practicaron el escalio, es decir, acceder a la propiedad plena de sus parcelas. Pero que el rey fuera el dueño de las presuras no era más que un formalismo, porque la obligación del colono con su monarca se limitaba al pago de impuestos y a asistirle en caso de guerra dadas las carencias de la administración real.

En los primeros doscientos años, la repoblación fue, al parecer, dirigida por monjes, que acompañaban a los grupos asistiéndoles en los asuntos religiosos, redactando contratos y escrituras, registrando nacimientos y bodas... Pero no siempre se limitaron a esta labor, como lo prueba el caso del enclave de Villa Bera, cerca del actual Aguilar de Campos en Valladolid. Fundado a comienzos del siglo X, su nombre se debió a un presor llamado Bera que se instaló con su esposa Recesilda en

Los repobladores

La Iglesia desempeñó un importante papel en las primeras etapas repobladoras. Aquí, San Miguel de Escalada (León), levantada en el 913 sobre un cenobio fundado por monjes mozárabes en tiempos de Alfonso III de Asturias.

Los repobladores

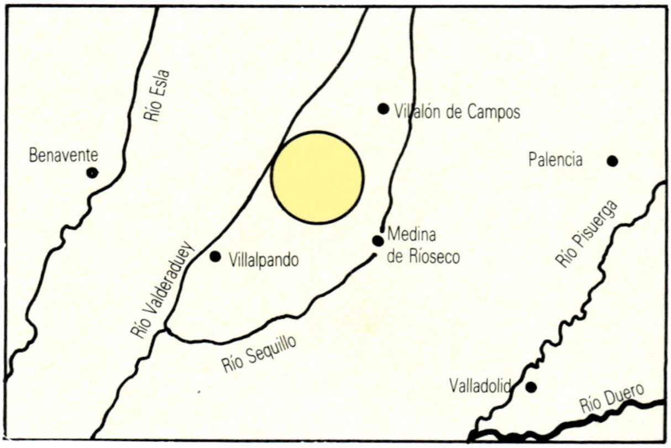

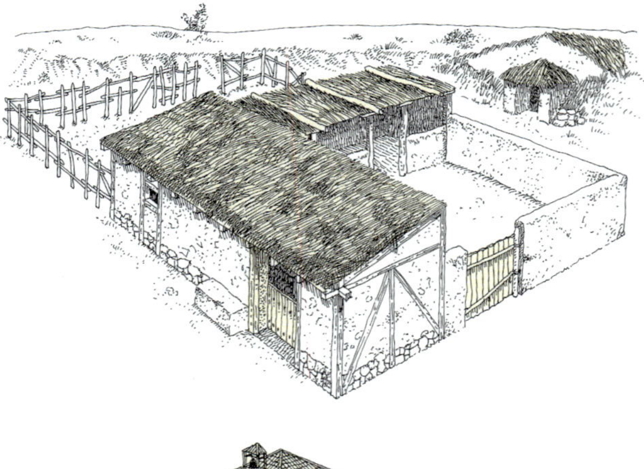

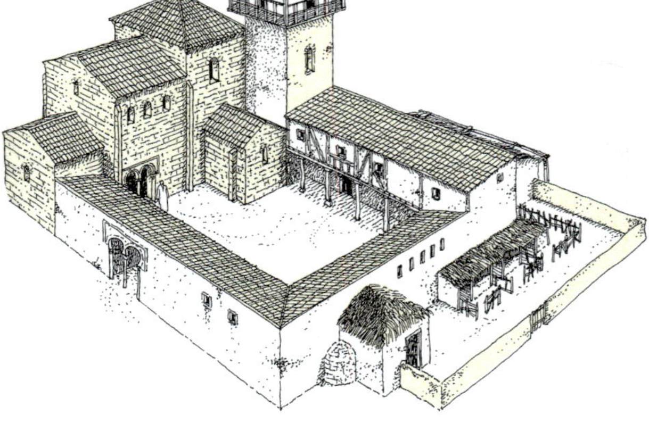

Arriba, plano de Villa Bera en Valladolid. En el centro, hipotética reconstrucción de una Corte o explotación agraria; la construcción de la derecha es una bodega excavada en la tierra. Abajo, monasterio del siglo X. Junto a la iglesia (único edificio de piedra del conjunto) se levantan el resto de las dependencias: cocina, granja, dormitorios, comedor y pequeños talleres. La torre cuenta con un campanario en su tejado. En la página opuesta, arriba, esquema simplificado de explotación agraria: Casa (1), redil para el ganado (2) y huertas (3). El cereal (4, 5) se laboraba de manera alterna para evitar el agotamiento de la tierra, cambiando también las especies de cultivo (trigo y cebada, por ejemplo). Las otra tareas eran el cuidado de frutales (6) y la caza en los bosques cercanos (7).

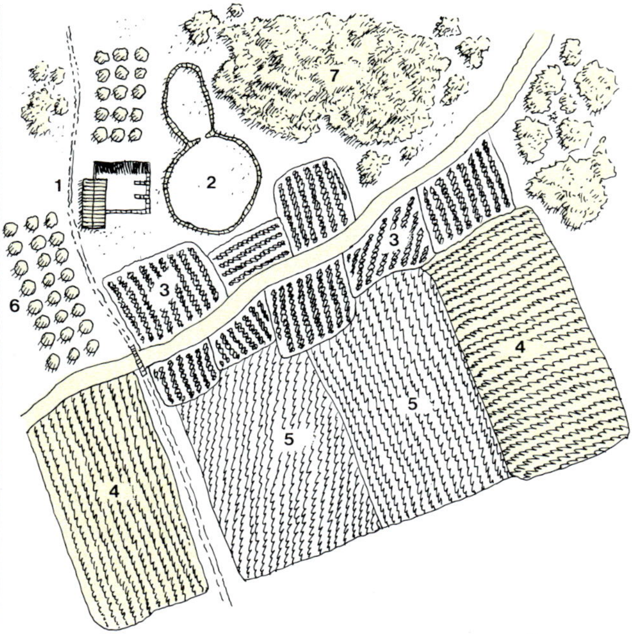

Los repobladores

Abajo, corte esquemático de una iglesia de repoblación mostrando el altar principal a la cabecera, y una cámara a los pies que, en muchos casos, servía como sepulcro de algún personaje piadoso al que se rendía culto.

Los repobladores

una *corte* o construcción medio abandonada y habilitada como vivienda. Hacia el año 930 la presura tenía un monasterio, una iglesia dedicada a San Cipriano y varias casas ocupadas por otros colonos con nombres de origen visigodo e hispanorromano (Egila, Materno, Cromacia, etc.) y mozárabe, venidos de al-Andalus: Houab, Umar, Abdalkacem...

La forma más extendida de propiedad era el mancomún o participación de toda la familia en la heredad, aunque se daban asociaciones entre vecinos para explotar ciertas tierras. La herencia era libre. Leticia, una hija de Bera, donó sus tierras a su sobrino Gundisalvo y a dos monasterios. También se dio el caso de que un mancomunado vendiera su parte a personas ajenas a la familia.

En esta primera etapa repobladora el predominio de las actividades ganaderas sobre la agricultura tiene su explicación en la situación geográfica de los reinos cristianos. Pero a medida que se iba produciendo el avance cristiano hacia el sur se hizo posible la dedicación a las labores agrícolas con el cultivo de los cereales (trigo, centeno, cebada y mijo) y del viñedo así como el de los productos hortícolas en las vegas de los ríos.

Labradores de los siglos IX y X. La vida campesina era muy dura, a las limitaciones impuestas por el reparto de la propiedad de la tierra, las malas cosechas —provocadas tanto por razones climatológicas como por las deficiencias de los sistemas de cultivo— y las nulas condiciones sanitarias, venía a sumarse el riesgo de incursiones musulmanas.

En las parcelas, desperdigadas entre las cortes que iban naciendo, se cultivaba cereal si eran de secano, y viñas, frutales y hortalizas si estaban cerca de arroyos. El ganado (bueyes, vacas y potros), se explotaba en los barbechos.

Pero, lentamente, la propiedad tendió a concentrarse en el monasterio, porque, en invierno, ayudaba a los colonos con víveres o prestándoles animales de labranza a cambio de parte o todos los derechos sobre las tierras. Así, lo que parecía un auxilio al necesitado se convirtió en una forma de conseguir parcelas a bajo precio. Porque si el año era malo, cosa muy corriente, el presor vendía sus propiedades en primavera por no tener reservas para llegar hasta el verano. Igual sucedía con los préstamos de *renovo*, por los que el monasterio dejaba víveres que si no se devolvían en su día traían la confiscación de la tierra. De esta manera, en pocos años, los hombres libres acabaron siendo vasallos eclesiales.

Es difícil generalizar el caso de Villa Bera, pero sin duda la mayoría de los repobladores tuvo a su lado un enemigo común más fuerte que el Islam: la presión de quien, por el volumen de sus bienes, podía aguantar períodos de mala cosecha y comprar a la baja las tierras de los campesinos.

La segunda repoblación

Los presores emplearon también las ciudades despobladas: León, ocupada hacia el año 845, había sido majada de pastores; los colonos se encontraron una urbe romana casi intacta, cuyas termas utilizaron como templo hasta que se levantó la catedral románica.

Estas fuerzas de choque eran muy variadas porque no estaban formadas sólo por astures, cántabros, galle-

Los repobladores

La zona limitada por la cuenca alta del Ebro y la ribera del Duero era el objetivo prioritario de los repobladores astures. Hacia finales del siglo IX, el reino de Asturias se había extendido hasta Galicia, Cantabria y el País Vasco, siendo la zona colindante con la actual Rioja la llave para el acceso musulmán a su territorio.

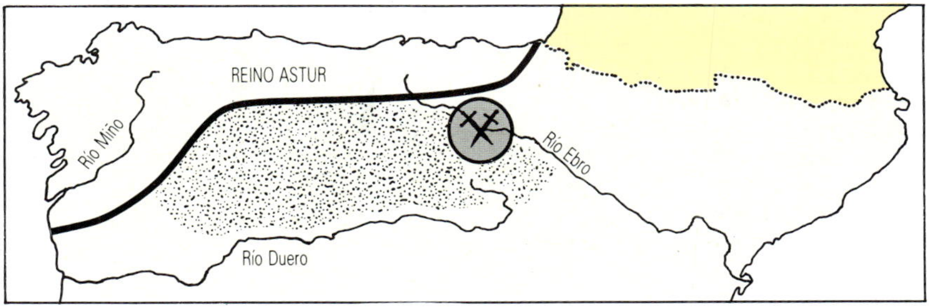

Los repobladores

A veces, los primeros en ocupar una ciudad romana abandonada eran los pastores, como en el caso de León, convertida en majada mucho antes de que se ubicara en ella una población estable.

gos y vascos, sino que, como en Villa Bera, también incluían cristianos de al-Andalus que emigraron al Norte para evitar el pago del impuesto religioso o por creer que iban a vivir mejor entre cristianos.

El carácter de los presores tampoco fue el mismo en todas las regiones. Los de la zona del Ebro fueron muy tolerantes con los musulmanes ya que habían convivido con ellos sin casi luchas. Sin embargo, los ocupantes del condado castellano (siglo X) hubieron de soportar continuos ataques por defender el paso a todo el Norte. Burgos, fundada por cántabros hacia el 820, fue saqueada por Abderramán III cien años después. En el ataque perdió sus murallas y casi todo el casco urbano. Es lógico, por tanto, que sus habitantes fueran más belicosos que los de regiones más tranquilas.

La gente de la frontera, libre y alejada del poder, creó una forma de vida adaptada a las dificultades. Hecha a que los ejércitos islámicos mermaran sus cosechas cada vez que emprendían una campaña, volvía a cultivar la tierra cuando el peligro se alejaba. Contaba con las reservas escondidas en sitio seguro y con su desconfianza

Los repobladores

ante los meses anteriores al verano: era entonces cuando el grano se recogía y los ejércitos se podían abastecer con él. Si veía que éstos llegaban, se parapetaba tras la cerca de su poblado o se encaramaba al monte más cercano dispuesto a negociar la entrega de parte de lo recolectado o a defenderlo hasta la muerte, porque era su único patrimonio.

Gracias a estos pobladores, los astures se atrevieron a desplazar la capital de su reino a León (914) y repoblar las actuales provincias de Zamora y Valladolid, así como el Alto Ebro. Un siglo más tarde se rebasó el Duero y se llegó al Sistema Central.

El aumento de población hizo que los presores se agrupasen en verdaderas ciudades. En el siglo XI era tanta la tierra a ocupar, que Alfonso VI (el rey del Cid) llamó a colonos europeos: gascones, bretones, alemanes, ingleses, normados. Con ellos llegó también la diversidad de oficios; de una sociedad en la que cada miembro hacía las veces de labriego, herrero o tejero según las necesidades, se pasó a otra más especializada y relacionada entre sí.

La vida urbana se hizo más compleja, y, para organizarla, se dictaron los primeros *fueros* o derechos municipales. También se dividieron las ciudades por su origen

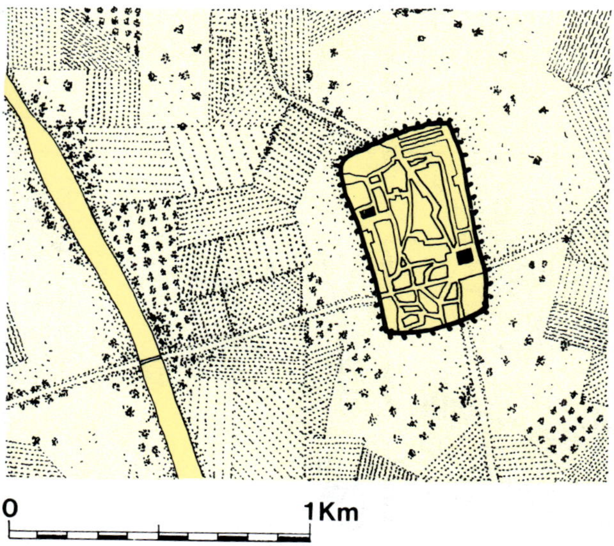

Así era León hacia el siglo XI. A pesar del tiempo transcurrido desde la romanización, en esta época seguía siendo una ciudad con un trazado básicamente romano, encerrada en un rectángulo casi perfecto de murallas. Los edificios señalados en negro son el Panteón de San Isidro (izquierda), y la catedral (derecha), levantada sobre las antiguas termas.

Las ciudades cristianas

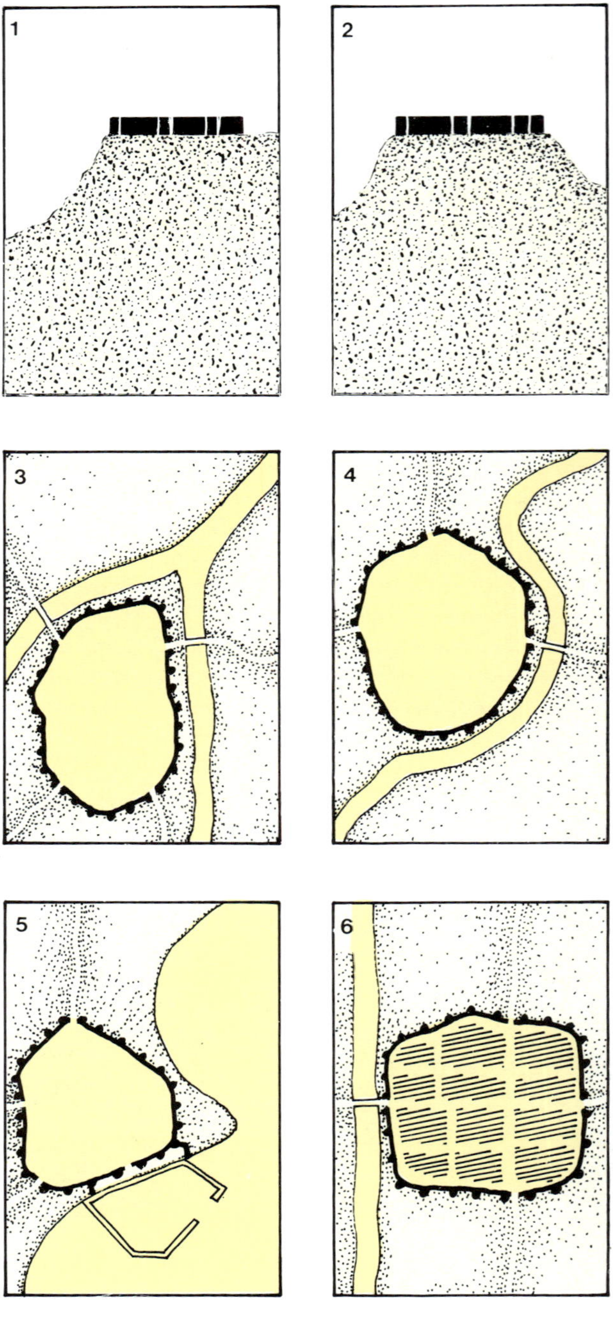

Los emplazamientos de las ciudades se elegían, ante todo, atendiendo a su valor defensivo. Los más frecuentes eran: al borde de un aterrazamiento fluvial (1), ocupando una meseta (2), en la unión de dos ríos (3), en meandros (4), en una dársena marítima (5) o siguiendo el trazado de una ruta comercial (6). Esta última modalidad se dio abundamentemente en el Camino de Santiago.

adquiriendo distintas denominaciones: las más antiguas se llamaron *civitas*, las de fundación romana, y *castros* las que habían sido organizadas por pobladores autóctonos; las nuevas ciudades que surgieron como consecuencia de la llegada de colonos atraídos por las concesiones reales recibieron el nombre de *burgos* y el de *villas* aquellas que no tenían ningún privilegio. Todas, con excepción de las villas, habían de estar provistas de murallas.

Estas ciudades se diferenciaron de las musulmanas en varios aspectos. En primer lugar, por la falta de servicios; si disponían de algún baño público, era porque en ellas había población de origen andalusí y no porque su uso estuviera extendido entre los cristianos. En segundo lugar, por su tamaño, mucho más reducido. Y finalmente, por su organización municipal: la ciudad cristiana era una reunión de vecinos, no de creyentes, y necesitaba de normas reconocidas por la autoridad real para desarrollar sus actividades.

Las ciudades cristianas

Los mercados eran concesiones reales a determinadas ciudades para favorecer el comercio, casi inexistente en la España cristiana del siglo XI. Normalmente se celebraban fuera de los núcleos urbanos, por no disponer de grandes espacios dentro de ellos.

Las ciudades cristianas

En lo que sí se parecían era en la insalubridad y estrechez de calles y espacios públicos. Las plazas eran escasas y los mercados se celebraban en explanadas situadas junto a las puertas de acceso. Para potenciar el casi inexistente comercio, la Corona concedía ferias mensuales o anuales a algunas ciudades, buscando agilizar el intercambio de productos, dificultado por las deficientes comunicaciones (caminos en mal estado, transporte a lomos de caballería en vez de carro hasta el siglo XI, las rutas intransitables por nieve o lluvia en invierno, etc.).

Los beneficios dados a los burgos —como no pagar impuestos ni tener que ir a la guerra, por ejemplo— no siempre fueron ventajosos. Por esta causa, los comerciantes, principales pobladores de estas ciudades, a menudo se enfrentaron con la Iglesia y la nobleza hasta encabezar una rebelión durante el reinado de Urraca

Hasta el siglo XI, los escasos puentes levantados eran de madera, cuando no de cuerdas, y su precaria construcción les hacía estar a expensas de las crecidas de los ríos. Abajo, reconstrucción de uno de ellos y la forma de engarzar las piezas.

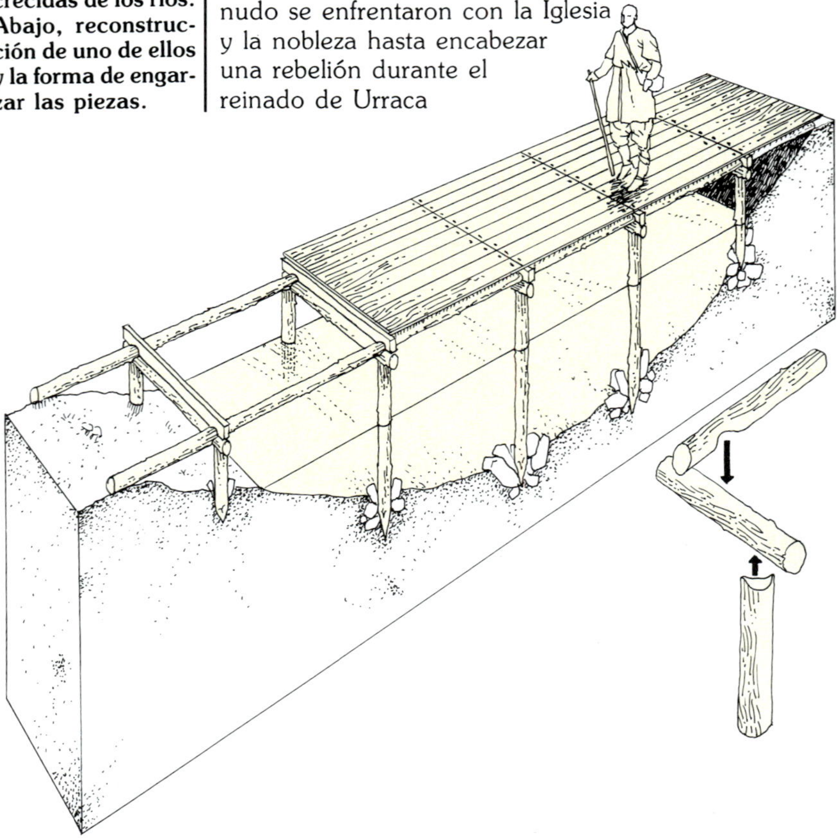

de Castilla y León (1109-1126), sucesora de Alfonso VI el Bravo.

Aunque sofocado, el levantamiento evidenció las tensiones sociales: los comerciantes o burgueses eran vasallos de los abades de los monasterios cercanos a su ciudad, tenían que hacer el pan en sus hornos, habían de pagarles un impuesto por poseer casa y no podían utilizar las propiedades eclesiales para el aprovechamiento de la leña o de los pastos.

Las ciudades cristianas

Representación de una ciudad sitiada según un *Beato* del siglo X. El auge ciudadano no se dio hasta cien años después, de la mano del desarrollo económico y de la llegada de emigrantes europeos, casi todos artesanos especializados. Esta llegada de europeos se dio sobre todo a partir del reinado de Alfonso VI de Castilla y León, continuándose posteriormente con el Camino de Santiago.

6

El cruce de culturas

En la España de la Alta Edad Media no hay nada absoluto. Tanto Pelayo como sus sucesores reinaron sobre pueblos que no estuvieron cristianizados del todo hasta el siglo XI (a excepción de los vascos, que mantuvieron sus antiguas creencias) y la España musulmana tuvo zonas habitadas en su totalidad por mozárabes. Toledo, llave del centro peninsular, se rebeló infinidad de veces contra Córdoba, entre otras causas, por el gran número de cristianos que en ella había.

La mezcla de intereses, religiones y formas de vida fue la norma general de convivencia entre las dos culturas. Así tenemos que Muza ibn Muza, señor de la Frontera Superior (valle del Ebro) de al-Andalus durante la primera mitad del siglo IX, descendía de un noble visigodo llamado Casio que se hizo musulmán en los primeros tiempos de la conquista. La reina Toda de Pamplona (siglo X) era tía abuela de Abderramán III, quien no dudó en atacar Navarra (937) como tampoco la reina en acudir a Córdoba a pedir su ayuda cuando lo consideró necesario. Alfonso II de Asturias casó con una vasca de la que estaba perdidamente enamorado. Ibn al-Qutiya, historiador musulmán del siglo X, era descendiente de Witiza, por mucho que su nombre lo oculte. Por último Almanzor, el más brillante guerrero de la segunda mitad de ese siglo, saqueó cincuenta y dos veces las tierras cristianas pero nunca se internó en el reino de Pamplona hasta la muerte del rey Sancho Garcés II Abarca, su suegro.

De estos personajes, quizá Muza ibn Muza sea el que mejor ilustre lo ya dicho. Nacido seguramente el mismo año en el que fuera asesinado su padre (788) a manos de un traidor al emirato cordobés, su madre se refugió en Pamplona, casándose con Iñigo Arista, señor de la ciudad, con el que tuvo un hijo, Fortún. A su vez, otro hermano de Muza habido del primer matrimonio de su madre, se sublevó contra el emir cordobés en Zaragoza (802).

La vida de Muza fue muy agitada. Hacia los treinta y cinco años casó con Assona, hija de su padrasto. Aliado con éste, venció a los francos de Ludovico Pío I, comandados por los condes Eblo y Aznar, en Roncesvalles (812). Fiel por aquel entonces al emirato cordobés,

Mujer cristiana del siglo X. Si exceptuamos el poncho y el tocado de la cabeza, sus ropajes podrían ser intercambiables con los de las mujeres hispanomusulmanas.

Muza se levantó contra él siempre que le interesó, lo cual no le impidió socorrerle cuando Córdoba fue atacada por los normandos (844). Llamado el "tercer rey de España" por su inmenso poder, murió cuando contaba con unos setenta y cuatro años en Guadalajara a manos de su yerno, Izraq, partidario del Emir cordobés Muhamad I. Un hijo suyo, Lope ibn Muza, fue gobernador de Toledo.

Con personajes como Muza ibn Muza no cabe pensar en una división estricta entre musulmanes y cristianos, porque su sangre era la misma. ¿Dónde estuvieron los límites, si es que lo hubo? Unos y otros adoraron al mismo Dios, vistieron de forma similar y hasta sus arquitecturas fueron parecidas. Y es que en España se encontraron dos mundos que no hicieron más que influirse entre sí a pesar de sus diferencias económicas y culturales, hasta el punto de que ninguno de los dos supo nunca dónde acababa el contrario y comenzaba el propio.

Cruce de culturas

Los nobles musulmanes vestían túnicas largas que, en el brazo, lucían un añadido con un texto referido al califa cordobés. En la guerra, acostumbraban a llevar la cota de malla debajo del ropaje.

7

La guerra

Durante siglos, Córdoba se mantuvo imbatida porque su potencial bélico era el mayor de Occidente, mientras que sus enemigos tan sólo eran bandas de atacantes sin estrategia de ocupación. Ahí está el fenómeno de la repoblación que se hizo en tierras abandonadas, no tomadas al Islam, que nunca tuvo interés en fijar sus fronteras del Norte.

La superioridad cordobesa se basaba en su capacidad de poner en pie de guerra un mínimo de 20.000 hombres en cada campaña: Abderramán III llegó a movilizar más de 100.000 en la última en que tomó parte.

La élite de esta milicia eran los yundíes, nobles sirios que recibían tierras a cambio de guerrear siempre que se les exigiera. Los mercenarios a sueldo directo del emir o califa constituían el grueso del ejército regular. Profesionales de la guerra, eran esclavos francos, eslavos o hispanos. A éstos se sumaban los voluntarios hispanos o norteafricanos dispuestos a hacer la Guerra Santa o *Yihad*.

Al iniciarse una campaña, los contingentes que salían de Córdoba eran reducidos —de cinco mil a diez

Infante cordobés y yundí. Estos nobles sirios eran profesionales de la guerra que recibían tierras por combatir a las órdenes califales. Los adornos del caballo son de tradición visigoda y romana.

mil hombres— porque los efectivos se iban recogiendo por el camino. En los acuartelamientos y ciudades se les sumaban yundíes y tropas de los señores de las distintas *Quras* (provincias) y Marcas fronterizas. Estos eran beréberes, sirios, yemeníes, o descendientes de nobles visigodos como Muza ibn Muza.

La manera de avanzar y formar ante los atacantes era disponiendo la caballería en las alas, frente y retaguardia, cubriendo a la infantería. Las partidas cristianas solían practicar la guerrilla, es decir, tender emboscadas y retirarse. Tenían la costumbre de entrar en combate chillando.

Su armamento consistía en lanza, escudo y espada para los caballeros, y venablos, lanzas, mazas, hondas, arcos y espadas para la infantería, que hacía lo posible por evitar el cuerpo a cuerpo. Los yundíes y demás nobles usaban armaduras y equipos de origen persa y bizantino. El equipamiento de los cristianos se inspiraba en modelos carolingios.

Tras la batalla, ninguno de los dos bandos se mostraba excesivamente magnánimo. Si no se degollaba a los vencidos era para venderlos como esclavos o para pedir rescate. Los andalusíes los confinaban en tiendas hasta llegar a campamentos y luego en calabozos que,

La guerra

Soldados del ejército de Almanzor. Este caudillo cordobés realizó innumerables campañas en tierras cristianas, en las que sus cronistas le atribuyen unas cincuenta victorias. Murió en Medinaceli, Soria, a la vuelta de una expedición a la Rioja.

La guerra

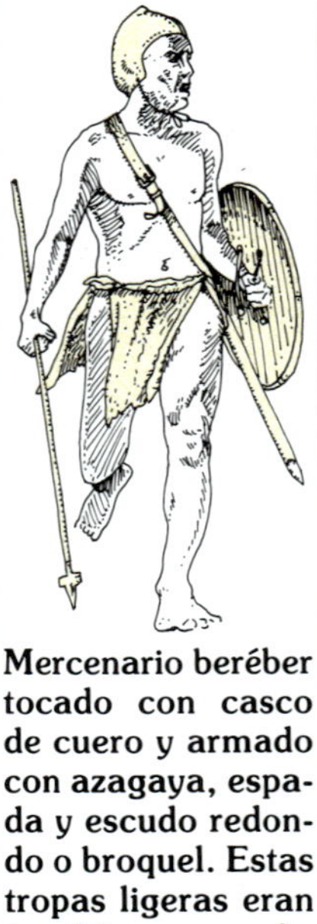

Mercenario beréber tocado con casco de cuero y armado con azagaya, espada y escudo redondo o broquel. Estas tropas ligeras eran temibles por su ferocidad. A la derecha, formación califal: la caballería cubriendo a la infantería. Obsérvense los estandartes en forma de dragón y los turbantes anudados a las lanzas.

las más de las veces, eran simples agujeros en el suelo. Los cristianos hacían otro tanto, siendo normal encerrarlos en silos.

Los almorávides y almohades continuaron con esta organización, salvo que los mercenarios eran únicamente africanos en vez de hispanos o europeos. En los reinos cristianos el reclutamiento cambió al aumentar el poder de la nobleza, porque los señores aportaban sus vasallos como tropa. A partir del siglo X y dada la falta de caballería, se permitió que fuera caballero todo aquel que pudiera mantener una montura. Antes era distintivo de nobleza. Estos guerreros dieron lugar a un estamento, el de los hidalgos, a medio camino entre los nobles tradicionales y la población sin título.

Las máquinas de guerra fueron escasas en los dos bandos. Los cristianos casi no las conocían y los musulmanes emplearon sobre todo el *almajeneque* (aparato que, por medio de un contrapeso, lanzaba proyectiles a distancia) y el ariete para asedio.

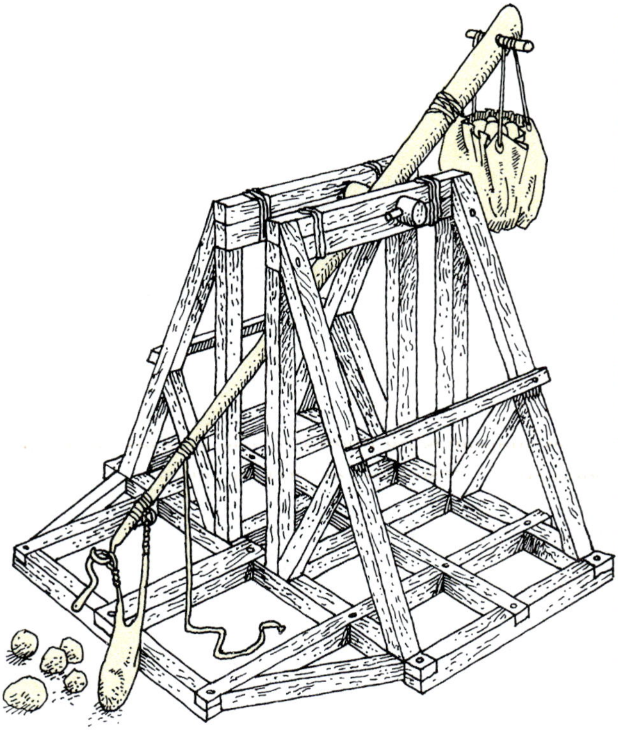

La guerra

Almorávide, beréber del desierto. A su lado, infante y caballero cristianos de finales del siglo XI. Los cascos y la cota de malla del caballero, al igual que su escudo (llamado "de cometa") son de influencia europea. Arriba, almajeneque, artefacto que lanzaba proyectiles por medio de un contrapeso lastrado con piedras o arena.

8

El románico, expresión de un nuevo poder

El afianzamiento del ideal cristiano en Europa se acompañó de las cada vez mayores donaciones reales y particulares a la Iglesia, que vio aumentadas sus tierras en todo el Continente. Explotadas por los monasterios, hubo un momento en que la autoridad papal fue incapaz de controlarlas.

Aislados por la inseguridad política y las malas comunicaciones, los monasterios carecieron de una organización que los englobara hasta que, en 910, el duque Guillermo de Aquitania fundó en Cluny, Borgoña, una comunidad seguidora de la Regla de San Benito de Nursia, monje que fundó el monasterio de Monte Casino, en Italia, el 529. Esta Regla adaptaba las creadas en Oriente por San Basilio en el siglo IV y se basaba en el trabajo manual, el estudio y la oración.

Cluny renovó la vida monacal. Hasta su nacimiento los monasterios eran autónomos, sus miembros no podían abandonarlos de por vida y los abades eran elegidos por cada comunidad. Pero esta Orden se declaró dependiente de Roma, ignorando a los obispos locales, permitió la movilidad de los monjes y centralizó el nombramiento de los abades.

Si en los comienzos su crecimiento fue lento, en algo menos de un siglo se convirtió en la comunidad más importante de Europa, siendo propietaria de grandes extensiones de tierras. Así, el papado pudo contar con una fuente de ingresos saneada y regular.

Cluny, gracias a las riquezas que acumuló, pudo dedicarse a desarrollar una liturgia cada vez más complicada, para la que las iglesias existentes resultaban pequeñas. Paralelamente, se produjo un aumento de población y un desarrollo urbano que también exigía mayores templos.

Profesionalmente, la sociedad se había especializado. Si hasta entonces el comercio generaba escasos bienes, ahora sobraban partidas para pagar a maestros y artesanos constructores que, por su parte, habían ganado en experiencia.

Europa despertaba en todos los ámbitos. La necesidad de un cambio estaba en el ambiente. Y donde primero se notó fue de puertas afuera, en la arquitectura monumental.

Abad del siglo X. El movimiento monacal español, muy influido por Oriente, estuvo, en sus comienzos, más dado al ascetismo y la contemplación que al cultivo extensivo de las tierras.

El monasterio, escuela de artesanos

Si desde la caída del Imperio romano la arquitectura occidental se había inspirado en modelos clásicos o en la influencia bizantina, ahora miraba definitivamente a Roma. El nuevo estilo, luego llamado románico, nació en los monasterios del norte de Italia durante el siglo IX gracias a la utilización de una serie de técnicas que buscaban sustituir la madera de las techumbres, material escaso y combustible que provocó infinidad de incendios, por la piedra, mucho más duradera y segura.

Es imposible saber cuántas edificaciones se cayeron antes de dar con la fórmula idónea, pero a mediados de ese siglo se comenzaron a emplear unos arcos, llamados *fajones*, que permitieron aumentar la altura y longitud de las iglesias. Estos arcos, de piedra, se levantaban a intervalos fijos, de modo que los huecos intermedios se pudieran rellenar con materiales ligeros, que hicieran posible abrir ventanas más grandes y complicar la forma de los muros.

El arco fajón es un esqueleto que se sostiene por sí mismo con pilares o columnas (la elección es indistinta, con lo cual la decoración gana en riqueza) y además sustituye el techo de madera por bóvedas, mucho más se-

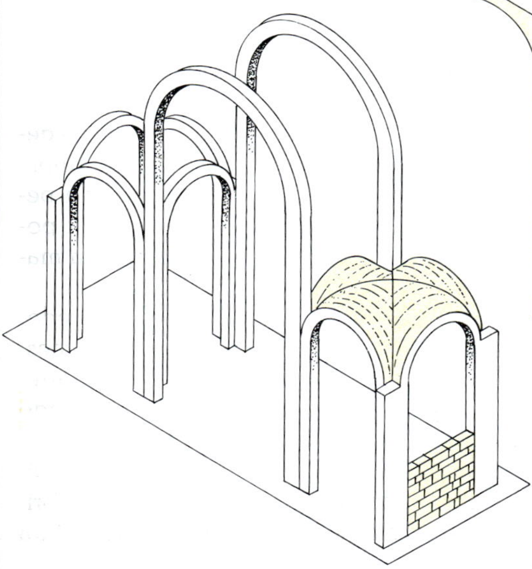

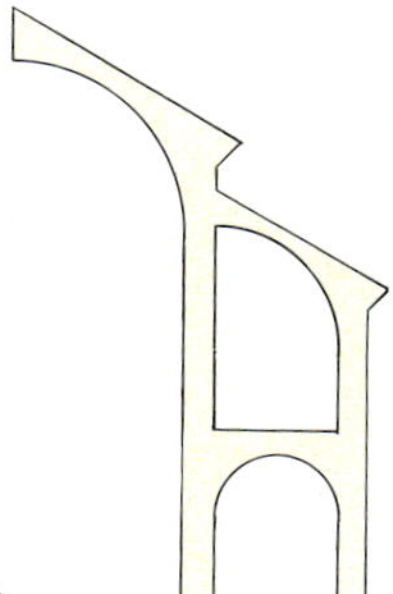

El Románico

El Románico supuso la definitiva incorporación de la Península a Europa. Arriba, figura de Silos. A la izquierda, esquema de arcos fajones, verdadero esqueleto de las iglesias románicas. La bóveda lateral es de crucería, formada por el cruce de dos de cañón. A su lado, sección de iglesia en la que destaca una bóveda de medio cañón en el primer piso.

El Románico

Las iglesias románicas se construían orientadas de este a oeste, con planta de cruz latina, rematada por ábsides en su cabecera. Contaban con tres naves, la central de mayor altura que las laterales. La portada solía estar profusamente decorada con esculturas, así como su interior.

guras. La nueva fórmula constructiva permitió la introducción de variaciones en los sistemas de soporte. El *contrafuerte* o refuerzo exterior agregado con posterioridad en algunas ocasiones, aún le da más estabilidad, haciendo posible el uso de elementos de cierre impensables hasta ese momento: tribunas, cúpulas, arcadas abiertas, etc.

La libertad constructiva que alcanzaron los maestros con estas nuevas estructuras generó un tipo de arco, el de medio punto, que en la nave central dio como resultado la bóveda de cañón, es decir, de sección semicircular, y en las laterales la bóveda de crucería, aunque en estas naves también se utilizaron las de cañón o de medio cañón de manera indistinta.

Cluny fue el gran impulsor de estas innovaciones y quien marcó las pautas que seguirán los modelos de iglesia posteriores: éstas serán de planta de cruz latina, con una torre o *cimborrio* en la intersección de las naves, entrada flanqueada por otras dos torres, cabecera semicircular o *ábside* y gran cantidad de capillas adosadas a los muros. Esta profusión de capillas laterales se

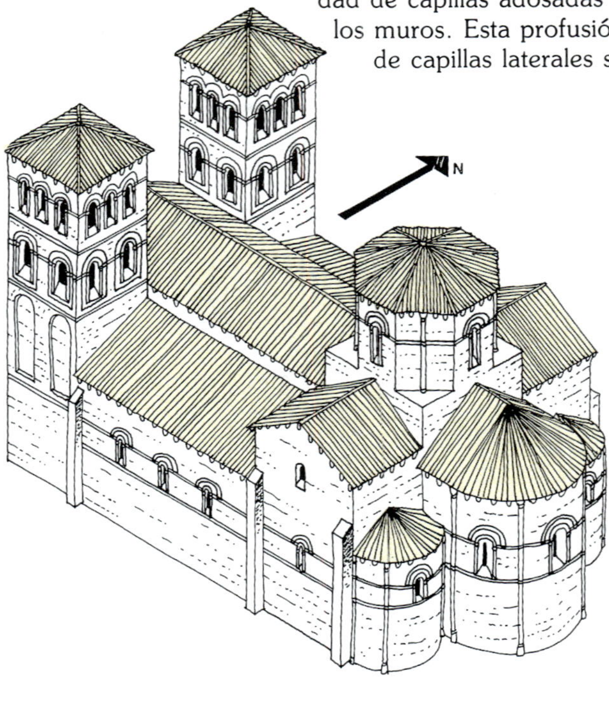

debe a la creciente necesidad de poder celebrar varias misas al mismo tiempo, dado el continuo aumento de monjes y fieles.

El lenguaje de este esquema constructivo es muy sencillo y didáctico: la planta representa a Cristo crucificado, siendo la cabecera el espacio reservado a Dios, y el resto a los feligreses, es decir, al mundo terrenal. La orientación se hace siempre mirando hacia Jerusalén, es decir, de Oeste a Este, en recuerdo a la ciudad en que murió Jesús.

Hay que tener en cuenta que estamos en una sociedad donde hasta los reyes son analfabetos y en la que es preciso recurrir a la imagen para fijar enseñanzas e ideas. De este modo se integra la escultura en la arquitectura, también con una finalidad didáctica, como en el caso de la entrada principal o en los capiteles de las columnas, verdaderos relatos gráficos de Historia Sagrada o de vidas ejemplares. Los muros interiores se pintan al fresco con el mismo tipo de escenas que recuerdan sus obligaciones a los fieles o intentan moverles a la piedad.

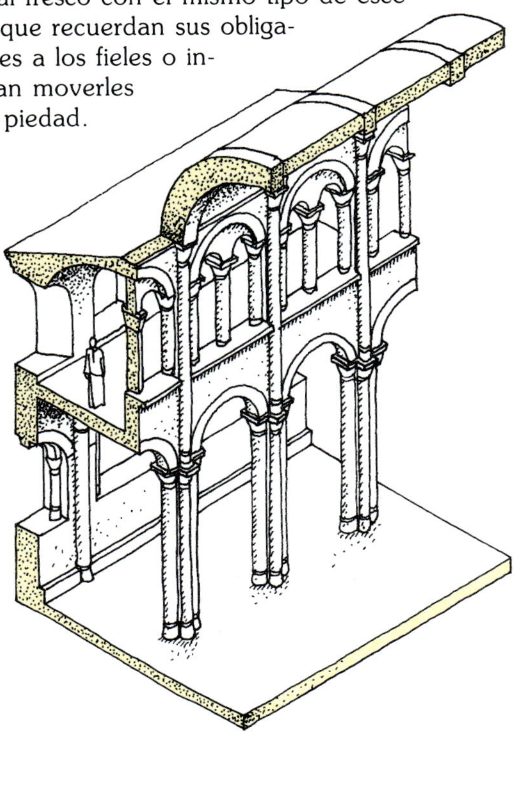

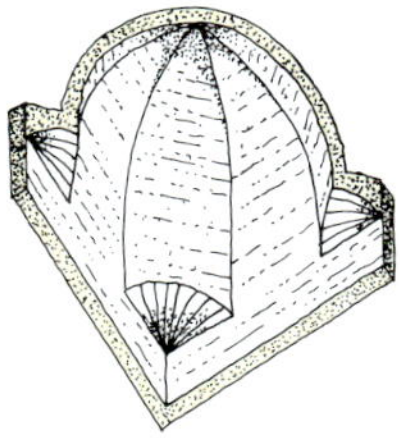

Corte esquemático de una iglesia románica. Sobre la nave lateral se desarrolla un corredor llamado triforio que, en el gótico, quedará reducido a su mínima expresión. Las pilastras se ven adornadas con columnas adosadas. Arriba, sección de cimborrio sostenido por trompas, elementos que convertían un cuadrado en un octógono o en un círculo para definir la cúpula.

El Románico en España

Iglesia astur con porche de entrada, tres naves y otros tantos altares en la cabecera. Sobre el altar mayor se situaba una cámara sin más acceso que las ventanas exteriores. Sobre estas líneas, Alfonso VI, bajo su reinado se implantó en Castilla la liturgia romana.

El románico y el fin del aislamiento español

Después de Francia, España fue la gran impulsora cluniacense a partir de los monasterios de San Juan de la Peña, San Millán de la Cogolla, Leyre y Sahagún, precursores en adoptar la Regla de San Benito a comienzos del siglo XI con el apoyo del rey navarro Sancho el Mayor. Algo después, Alfonso VI introducirá Cluny en el centro peninsular.

Cluny significó algo más que la fundación de monasterios: supuso el final del aislamiento español; la influencia que tuvo en el nacimiento de la idea de Reconquista está clara, al ser portavoz del papado, animador del espíritu de Cruzada. Pero también con esta orden desapareció la tradicional división de la iglesia local, casi siempre motivada por sus relaciones con el Islam.

Desde que el cristianismo penetró en la Península, su naturaleza fue muy especial. Prisciliano, sacerdote lusitano y obispo de Avila (siglo IV), ya sostuvo la interpretación intuitiva de las Sagradas Escrituras, el origen diabólico de la carne frente al espíritu, la influencia de los astros en la conducta humana y el que todos los dioses eran Uno solo, fuera cual fuera la manera de adorarlo.

Esta mística no desapareció con los visigodos, sino que se mantuvo y en algunos casos aumentó, generando infinidad de ermitaños solitarios y pequeños cenobios aislados. Cluny sirvió para concentrar estas comu-

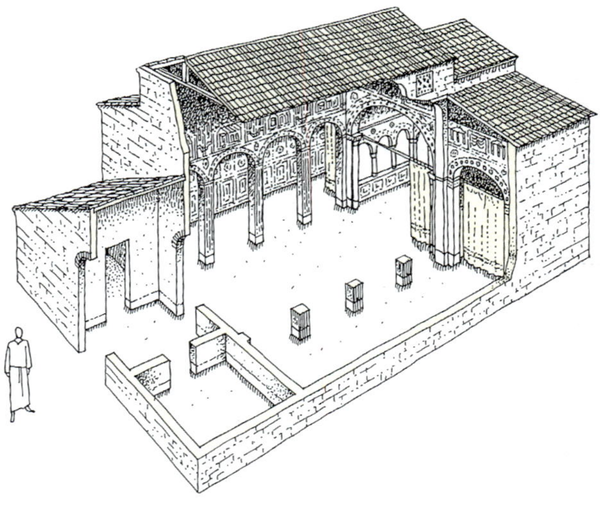

nidades y sistematizar la explotación de unas tierras más que abundantes gracias a la repoblación. El problema fue que, como Cluny dependía del papado, los obispos no siempre aceptaron la reforma a causa de las rentas que perdían al tener que renunciar a controlar a los abades de los monasterios cercanos a sus diócesis.

Desde un punto de vista litúrgico, Cluny acabó con el ritual hispano, de origen oriental. Muy complicado, fue sustituido por el romano, venciendo la resistencia del clero local, que tuvo que cambiar hasta de forma de leer, porque la letra de los misales visigodos era distinta de la de los nuevos, escritos en una nueva caligrafía llamada carolina.

El arte apoyado por la Orden no tardó en imponerse. España desarrolló en el reino astur una arquitectura muy original, que utilizó arcos fajones, pero no se extendió a otras zonas. Las iglesias y residencias erigidas por Alfonso II, Ramiro I y Alfonso III en el siglo IX muestran cómo las tradiciones constructivas romanas, mezcladas con las bizantinas, no se perdieron gracias a algunos maestros de origen visigodo, mozárabe o franco.

El románico se impuso en los reinos cristianos porque coincidió con el cobro de tributos a las taifas: aragoneses, navarros y castellano-leoneses podían permitirse el lujo de acuñar moneda (antes, para el comercio, se utilizaban cabezas de ganado como unidades de cambio) y destinar cantidades a levantar iglesias y edificios civiles, hasta el punto de que Alfonso VI financió gran parte de las obras realizadas en ese siglo en la abadía central de Cluny.

Cataluña fue la región que primero lo adoptó, porque en ella y en el Rosellón francés se desarrollaron muchos de los avances técnicos que ya hemos mencionado. En poco tiempo, el resto de los monasterios y las ciudades iniciaron la construcción de templos claramente románicos, de tal modo que la casi totalidad de las catedrales góticas que podemos contemplar actualmente en la mitad norte de la Península fueron antes románicas.

Pero hay un hecho trascendental en este proceso de incorporación de la península Ibérica a Europa y es el descubrimiento, en el año 813, de cierto enterramiento en el occidente gallego.

Rosetón de Santa María del Naranco, residencia de verano de los reyes astures, levantada en el siglo IX.

9

Camino de Santiago, camino de Europa

Un día del año 813, un ermitaño llamado Pelayo comunicó al obispo Teodomiro de Iria Flavia (Padrón) que había descubierto cerca de allí un rico enterramiento. Intrigado, el obispo visitó el lugar, encontrando una construcción casi cuadrada, de unos cuatro metros de lado, rodeada por una columnata. Dentro había un sepulcro.

Nunca se sabrá a quién perteneció tal monumento funerario. Algunos investigadores creen que a Prisciliano y otros que a un comerciante judío. En cualquier caso fue una persona notable que vivió a finales del Imperio romano. Pero este dato es indiferente, porque Teodomiro proclamó que los restos eran los del apóstol Santiago y todo el mundo le creyó.

Necesitado de fuerza moral para enfrentarse al Islam, Alfonso II de Asturias no sólo apoyó la versión del obispo, sino que levantó una iglesia sobre el sepulcro y otras dos a su lado dedicadas a Santa María y El Salvador, así como un pequeño monasterio cuyos monjes guardarían el sepulcro. La figura de Santiago, señor del trueno, constituía un poderoso refuerzo para acabar de convertir a unos pueblos todavía a caballo entre las antiguas creencias y el cristianismo.

Tumba de Santiago. Al parecer, contaba con una sóla cámara, en la que se encontraba el sepulcro y un altar. Otras investigaciones apuntan a que tuviera dos pisos, el inferior con el sepulcro y el superior con un altar.

El culto aumentó con rapidez. Alfonso III el Magno de Asturias (866-911) construyó una iglesia más grande y los peregrinos europeos comenzaron a llegar hasta la lejana Galicia. A lo largo del siglo IX se sucedieron las donaciones al santuario que fue aumentando sus posesiones, originándose una ciudad que en el 862 arrebató a Iria Flavia la sede episcopal cuando se concedió el traslado de la misma a Santiago quedando Iria Flavia como sede auxiliar.

El espíritu de Compostela

Peregrinar a un lugar sagrado es tan antiguo como la Humanidad. Los cristianos primitivos lo hicieron a Roma para visitar las catacumbas y los sepulcros de San Pedro y San Pablo y, a partir de que Helena, madre del emperador Constantino, «descubriera» los restos de la *Vera* (Verdadera) Cruz, dieron comienzo las peregrinaciones a Jerusalén. Pero con la conquista de esta ciudad, primero por los persas y luego por los musulmanes en el siglo VII, el viaje a Tierra Santa se hizo poco menos que imposible, convirtiéndose Compostela en sustituta de aquélla.

Las peregrinaciones medievales estaban cargadas de piedad y superstición a partes iguales. Los peregrinos las emprendían como acercamiento a Dios, para expiar

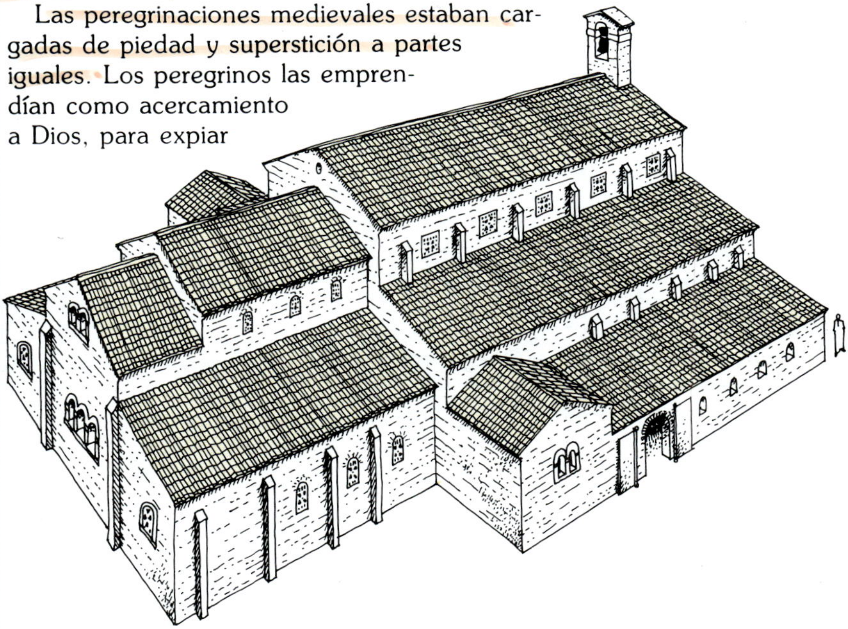

Santiago

La iglesia de Alfonso III fue destruida por Almanzor en el 997. La reconstrucción es hipotética y, seguramente, la cabecera conteniendo el sepulcro de Santiago no fuera tan complicada como la del dibujo. La dependencia que sobresale del corredor del primer plano era el baptisterio. La espadaña está basada en la del convento de Valdedios.

Santiago

culpas o cumplir votos de agradecimiento, pero en muchos casos lo hacían buscando curaciones milagrosas al amparo de las leyendas urdidas sobre las reliquias sagradas.

En el caso de Santiago, a pesar de asegurarse que resucitaba a los muertos o que curaba la ceguera, la mudez o la gota entre otros muchos prodigios, había un motivo añadido: el cuerpo del apóstol se hallaba en el *Fines Terrae* occidental, territorio amenazado por infieles al que llegar suponía hacer un acto de fe muy cercano al martirio. Santiago había sido, además, un apóstol íntimamente ligado a Cristo. Después de San Pedro, sus restos se convirtieron en la reliquia más importante de Europa, siendo objeto preferente de adoración. Por su situación geográfica fue Francia quien inauguró las peregrinaciones internacionales a su sepulcro.

Este espíritu, entre piadoso y guerrero, confirió a Santiago su personalidad, aprovechada por los reinos españoles para combatir con más bríos al Islam.

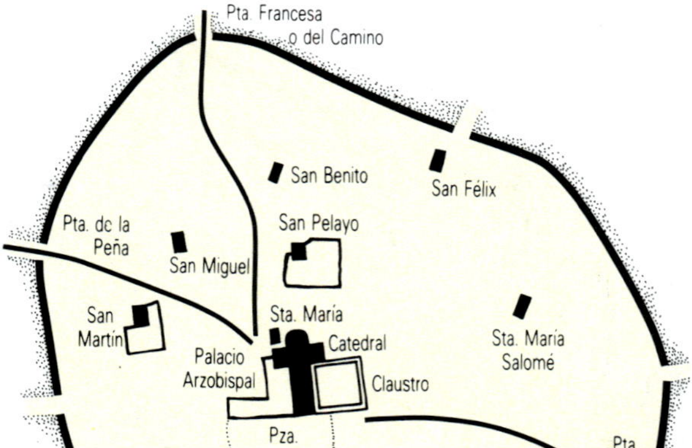

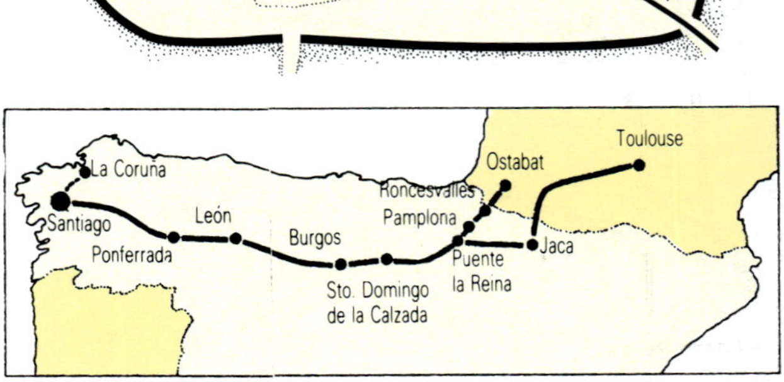

Plano de Santiago de Compostela en tiempos del obispo Gelmírez, la autoridad eclesiástica que más la engrandeció merced a las donaciones reales y al dinero que dejaban las peregrinaciones. La ciudad se convirtió en sede episcopal en el siglo IX y, desde entonces, no dejó de crecer. Abajo, plano del Camino español. A la península ibérica se accedía indistintamente por los puertos de Roncesvalles en el País Vasco y Somport en Aragón, yendo a confluir las dos rutas en la localidad de Puente la Reina, en Navarra.

El Camino

El primer peregrino europeo de importancia que se dirigió a Santiago fue Gotescalco, obispo de la ciudad francesa de Le Puy (951). Después de él lo hicieron miles de romeros por rutas que, partiendo de las ciudades francesas de Tours, Vézelay, Le Puy y Arlés, cruzaban el Pirineo por Roncesvalles o Somport para ir a confluir en Puente la Reina y seguir a Logroño, Burgos, León, Astorga y Ponferrada hasta Santiago. Las cuatro cabeceras francesas recogían peregrinos de otras rutas provenientes de Inglaterra, Países Bajos, Alemania e Italia.

El gran auge del Camino se dio a partir del siglo XI, cuando disminuyó el peligro musulmán. Los monasterios ofrecían asistencia hospitalaria, los particulares, posadas, y los reyes invirtieron en obras públicas, como Sancho el Mayor de Navarra, que mandó construir un puente para salvar el río Arga (Puente la Reina), que sirvió de enlace de las rutas que llevaban de Pamplona a Burgos.

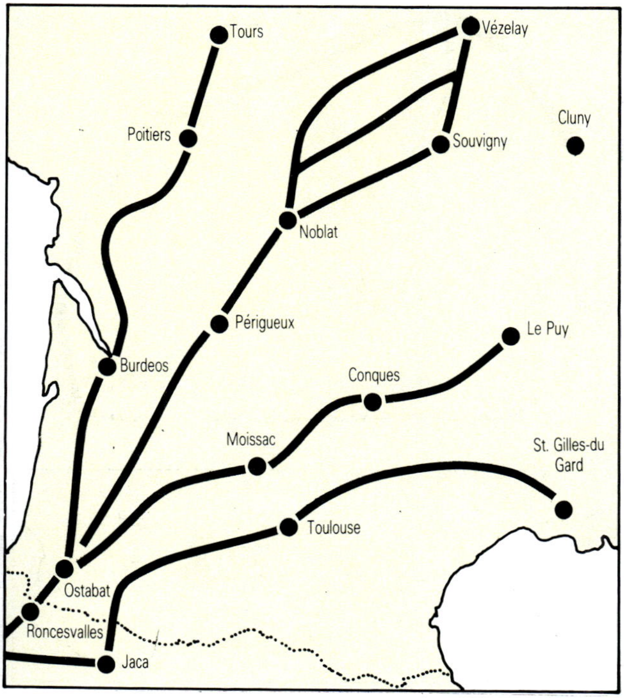

Rutas principales del llamado Camino francés. Aprovechando antiguas calzadas romanas y uniendo entre sí centros de peregrinación locales, las distintas ramas del Camino atravesaban los Pirineos por Roncesvalles y Somport, para unirse en Puente la Reina, Navarra.

El Camino

El Camino favoreció el nacimiento de nuevas poblaciones y el aumento de intercambios culturales y económicos: Cluny penetró por él en la Península, controlando los puntos estratégicos e implantando su forma de entender la liturgia y el arte. Los reinos cristianos se incorporaron a Europa gracias, entre otras cosas, al trato de su población con los peregrinos. Cada vez más habituales, todos los viajeros se parecían entre sí: iban en grupo, habían hecho testamento antes de salir de sus

Los peregrinos solían ir en grupos y su atuendo (calabaza para el agua, concha, báculo, zurrón) les identificaba allí donde llegaban. En general eran bien recibidos por la población gracias a la creencia de que quien ayudaba a un peregrino ayudaba a Cristo. No obstante, hubo abusos tanto por parte de los huéspedes y posaderos como de los falsos peregrinos, ya que uno de los grandes peligros de la peregrinación era la inseguridad de los caminos. Ello dio lugar a la formación de órdenes de caballeros para asegurar su protección.

casas, llevaban salvoconductos que les identificaban y sobre sus prendas lucían una concha, símbolo de Santiago. Del bastón o bordón pendía una calabaza que usaban como cantimplora.

La vestimenta de los peregrinos también tenía su significado. El bordón representaba el tercer pie o imagen de la Trinidad, la concha significaba la bondad y sabiduría que encontrarían al llegar a su meta, y el zurrón para las provisiones había de ser de piel de animal hallado muerto, como recordatorio de la mortificación de la carne. Otros peregrinos, los menos, emprendían el viaje desnudos y encadenados, este era el caso de los homicidas que esperaban alcanzar a través de la peregrinación a Santiago el perdón de su culpa.

La meta de los peregrinos

En el mejor de los casos, una vez en el Camino, los romeros tardaban entre un mes y dos en llegar a Santiago. A pesar del incremento de las obras públicas, no siempre la ruta estaba en condiciones. En algunas ocasiones, artesanos piadosos reparaban la calzada por su

Puente construido bajo el reinado de Sancho el Mayor de Navarra en el siglo XI para salvar el río Arga en Puente la Reina.

cuenta (como Santo Domingo de La Calzada), pero muchas veces vadear un río o remontar un puerto de montaña podía resultar una empresa muy peligrosa.

Pero el premio merecía la pena. En el siglo IX el papado había concedido indulgencia plenaria a los peregrinos, y éstos al divisar Santiago se sentían, al dirigirse hacia la ciudad, como si se acercaran a la presencia física de Dios.

La iglesia de Alfonso III se mantuvo en pie hasta que Almanzor arrasó la ciudad en el 997. Los pretendidos restos del apóstol se salvaron porque el obispo huyó con

ellos, no obstante, el primer ministro cordobés incendió el templo y se llevó las campanas como trofeo de guerra.

El gran momento compostelano llegó setenta años después con el obispo Diego Peláez (1069-1088), que comenzó la construcción de una iglesia románica continuada por su sucesor Diego Gelmírez (1100-1140). Este fue el obispo a quien más debe Santiago. Hombre de carácter fuerte, eclesiástico y guerrero a la vez, consagró la catedral, levantó el palacio episcopal, una casa

Reconstrucción de la catedral románica de Santiago de Compostela. Destacan los remates almenados y la cantidad de absidiolos o capillas de su cabecera, debidas a la demanda de culto de los miles de peregrinos que a ella llegaban.

Santiago de Compostela

para canónigos, varios hospitales, un acueducto, y amplió la ciudad. Para ello Gelmírez recibió el apoyo de Alfonso VI de Castilla, que le concedió el privilegio de acuñar moneda para la obra de la catedral.

La catedral de Santiago fue el mayor templo levantado en la España cristiana de entonces y su modelo perteneció a las llamadas iglesias de peregrinaje, pensadas para permitir la circulación de gran número de fieles por su interior.

El dinero acumulado por Cluny y el obtenido de los peregrinos (las peregrinaciones eran un fenómeno muy extendido en Europa y no sólo centrado en Santiago y Roma) permitió a esta Orden y a muchas diócesis le-

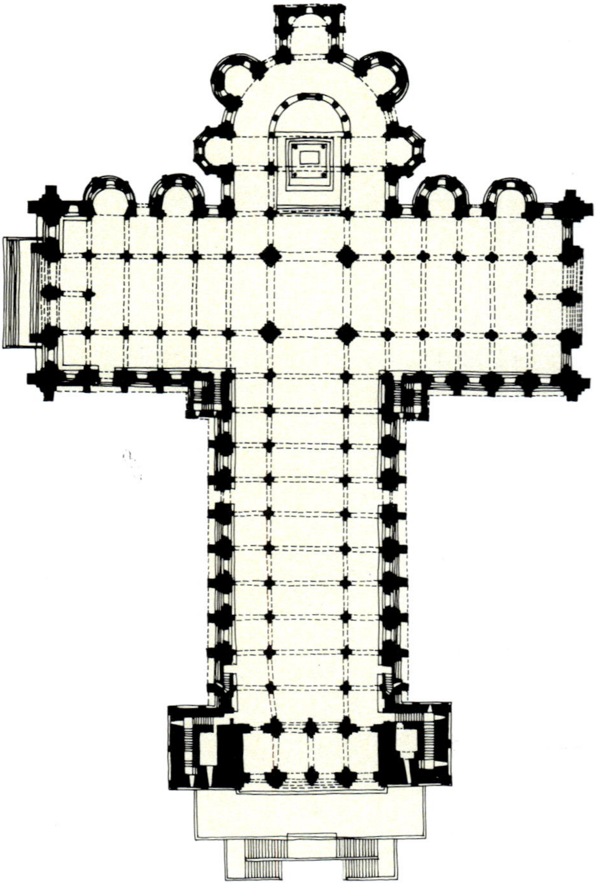

Planta de la catedral de Santiago de Compostela. Típica iglesia de peregrinación, el corredor que circundaba el altar mayor (deambulatorio o girola) facilitaba la circulación interior de los peregrinos antes de acceder a la tumba del Apóstol.

vantar templos dedicados exclusivamente a guardar reliquias. Como el número de gente que se acercaba a ellos era grande, se creó en la cabecera una rotonda o girola para facilitar la circulación de los fieles antes de acercarse a los restos santos, contenidos en el Altar Mayor o en una cripta situada debajo de él. Este deambulatorio albergaba numerosas capillas, dedicadas a oficios religiosos o a guardar reliquias menores que también gozaban de demanda.

Santiago es el prototipo de estos templos. Amplio, con las fachadas ricamente decoradas con grupos escultóricos, como el del Pórtico de la Gloria de la entrada principal (obra del Maestro Mateo, 1188), en su girola y crucero contó con nueve capillas o Absidiolos dedicados a San Nicolás, la Santa Cruz, la Santa Fe, San Juan Evangelista, el Salvador, San Pedro, San Andrés, San Martín y San Juan Bautista.

Santiago de Compostela

Fachada occidental de la catedral compostelana luego de las reformas del maestro Mateo. No se tienen datos exactos sobre su traza y, por ello, esta reconstrucción es hipotética.

Santiago de Compostela

Exteriormente, su aspecto imponía al viajero, ya que ocupaba una media ladera que se podía ver desde lejos, y por el carácter defensivo de su traza, cuajada de torreones. La puerta occidental estaba dotada de una escalinata que no hacía más que empequeñecer al romero que entraba en el templo. Dentro, las lámparas, adornos y el humo de los incensarios le hacían participar de una atmósfera sobrenatural que jamás olvidaría.

Santiago y su Camino fueron la unión de España a Europa en muchos aspectos: culturales, económicos, técnicos, etc. Durante la Edad Media por sus rutas pasaron millones de peregrinos que buscaron en el Occidente gallego una respuesta a su vida o a su visión cristiana del mundo. Por su trazado se continuaron los contactos iniciados con Sancho el Mayor y Alfonso VI, y su trasfondo guerrero no se olvidó hasta que los Reyes Católicos expulsaron al Islam de la Península. Patrón de España, es curioso que este apóstol nunca estuviera en nuestro suelo y que los restos venerados durante tantos siglos pudieran tal vez pertenecer al citado Prisciliano, declarado hereje en un concilio celebrado en Zaragoza y ajusticiado por el emperador Graciano (385), junto a varios de sus discípulos.

Grupo de los Profetas Mayores del Pórtico de la Gloria de la catedral de Santiago de Compostela. En la página opuesta, ilustración perteneciente a un *Beato*, formada por juegos de letras. Los *Beatos* son códices o manuscritos realizados entre los siglos X y XIII, basados en los comentarios del *Apocalipsis* de Beato de Liébana, monje asturiano que escribió su obra hacia el 776.

Glosario

Aceifas
Incursiones musulmanas en tierras cristianas, generalmente, se realizaban todos los años. Se comenzaba a principios de verano cuando se iba a recoger la cosecha, para asegurarse el aprovisionamiento de víveres, ya que las tropas se autoabastecían sobre el terreno.

Adarve (*al-Darb*)
En las ciudades musulmanes, callejón sin salida formado por varias viviendas. Referido a las murallas, paseo de ronda.

Ajimez
En las casas musulmanas, ventana o balconcillo con celosías de madera perteneciente al Harén.

Alarde (*al-Ard*)
Revista de tropas. Originariamente fue una ceremonia propia de la España musulmana, pero luego pasó a los reinos cristianos, como forma de controlar los efectivos militares de que disponían. El alarde se convirtió en una especie de parada militar, todo caballero estaba obligado a mantener caballo y armas y a presentarse con ellos una vez al año ante el alcalde de su lugar de residencia.

Alcazaba (*al-Qasaba*)
En las ciudades musulmanas, ciudadela independiente de la Medina donde residía la autoridad militar.

Alcázar (*al-Qasar*)
En la España musulmana, castillo. También se emplea el término al-Qalat.

Alhóndiga
En las ciudades musulmanas, edificio mitad posada, mitad almacén. Se conserva la del Carbón de Granada.

Aljama
Mezquita principal de una ciudad musulmana. Se encuentra en la Medina y en ella se celebra la oración de los viernes en la que participa toda la comunidad. Además de mezquita el término aljama tiene también las acepciones de junta de moros o judíos y sinagoga, así como las de judería o morería.

Almajeneque
Aparato militar que lanzaba proyectiles a distancia por medio de un contrapeso. Este ingenioso sistema está basado en el principio de la palanca, constando de un lastre de piedra o arena en uno de sus lados que servía de contrapeso y de un recipiente para lanzar proyectiles en el otro extremo. Al dejar libre el lastre de piedra o arena éste caía al suelo y se disparaba el proyectil.

Almotacén (*al-Mutasib*)
En las ciudades musulmanas, encargado municipal del culto y de recaudar fondos para el mismo. También se ocupa del control de pesas y medidas en los mercados.

Aparcería
En la España musulmana, sistema de arrendamiento en el que propietario y arrendado iban a partes iguales en gastos y beneficios sobre las tierras.

Basílica
Construcción de origen romano de tres naves, de las cuales la central era de mayor altura que las laterales y acababa en una cabecera semicircular llamada ábside. Estos edificios se utilizaban para impartir justicia, y, muchas veces, como lonja de negocios. Por su capacidad para albergar grandes cantidades de gente fueron utilizadas por los cristianos para celebrar ceremonias cuando el cristianismo se convirtió en religión oficial del Imperio.

Cadahalso
Balconcillo corrido, generalmente de madera, situado sobre la muralla para hostigar al enemigo en caso de asedio.

Cimborrio
En las iglesias cristianas, torre levantada en la intersección de la nave principal y el crucero.

Corrala
Conjunto de casas construidas alrededor de un patio con acceso común. Típicas de las juderías, se distribuían de este modo para protegerse de las posibles persecuciones tanto de cristianos como de musulmanes. Es un tipo de construcción que ha llegado hasta nuestros días.

Dovelas
Elementos que conforman un arco, normalmente de piedra o ladrillo. La dovela central del arco se llama clave.

Fuero
En la España cristiana, carta de derechos municipales otorgada por el rey a una ciudad.

Girola
En las iglesias cristianas, deambulatorio semicircular alrededor del Altar Mayor. Surge en las llamadas iglesias de peregrinación, bajo el estilo románico, para facilitar el movimiento de fieles dentro de los recintos sagrados. Luego se dará en los grandes templos góticos.

Hamman
Baño. Es un término árabe. Similares a los romanos en cuanto a utilización, constaban de tres partes bien diferenciadas: la zona fría, la templada y la caliente. Muy acogedores, a menudo, se convertían en centros de convivencia ciudadana, siendo utilizados a distintas horas por los hombres y por las mujeres. En ellos ejercían su labor múltiples profesionales: peluqueros, barberos, perfumistas, masajistas, etc. El dinero que se recaudaba en los baños normalmente se empleaba para el mantenimiento del culto.

Madrassa
En las ciudades musulmanas escuela coránica.

Mancomún
En la España cristiana, participación de toda la familia en la propiedad de la tierra.

Matacán
Balconcillos situados sobre las puertas de entrada de las ciudades. Servían para hostigar al enemigo en caso de asedio.

Palloza
Casa de piedra de planta circular y techumbre de retama o piorno típica del suroeste de Asturias y norte de León.

Quba
En la España musulmana, monumento funerario. El término también significa construcción cubierta con una cúpula.

Sa'ria
En las ciudades musulmanas, explanada extramuros para celebrar ceremonias multitudinarias. A veces, algunas ciudades contaban con dos sa'rias, la *musara* para actos militares, y la *musalla* para actos religiosos.

Taccanot
Ordenanzas que regulaban el funcionamiento de las juderías.

Torre Albarrana (*al-Barrani*)
Torre que sobresalía del circuito de murallas respecto a las otras torres.

Tribuna
Era un corredor de la parte superior de las naves laterales que recorría longitudinalmente toda la iglesia. Su finalidad era permitir la comunicación interna de los servidores del edificio religioso al mismo tiempo que permitía acoger un mayor número de fieles en las grandes ceremonias.

Villa
Heredad agrícola típica del Bajo Imperio romano y del período visigodo. Eran similares a los cortijos actuales y en ellas se concentraba una población que aceptaba el vasallaje a cambio de la protección de su propietario. La distribución de las villas se hacía generalmente alrededor de patios y en ellas el hacendado disponía de todo tipo de comodidades: amplias zonas de residencia, termas o baños, etc. Se trataba de unidades autosuficientes ya que contaban con cultivos y con talleres propios. A partir de la Edad Media estas villas fueron dando lugar a aldeas.

Yundi
En la España califal, noble sirio que recibía tierras a cambio de combatir siempre que se le exigiera.

Indice alfabético

Bibliografía

Anónimo, *Poema del Mío Cid.* Cátedra, Madrid, 1988.
Bonet Correa, A., *Arte Pre-románico asturiano.* Polígrafa, 1967.
— *Santiago de Compostela.* Orbis Montena, 1985.
Caro Baroja, J., *Los pueblos del Norte.* Txertoa, 1977.
Conant, K. J., *Arquitectura románica da Catedral de Santiago de Compostela.* Colegio Oficial de Arquitectos de Galicia, 1983.
Consejería de Educación y Cultura. *El pasado histórico de Castilla y León.* Junta de Castilla y León, 1984.
Dozy, P., *Historia de los musulmanes de España.* Turner, 1982.
Fuente, M. J., *La ciudad castellana medieval.* Cuadernos Historia 16, n.° 204, Madrid, 1989.
Greus, J., *Así vivían en al-Andalus.* Col. «Biblioteca Básica de Historia». Anaya, 1988.
Lacave, J. L. y otros, *Judíos en la España Medieval.* Cuadernos Historia 16, n.° 38, Madrid, 1985.
Losowska, H., *El Románico.* Historia ilustrada de las formas artísticas, Alianza Editorial. Madrid, 1985.
Martín, J. L., *La Edad Media en España. El predominio musulmán.* Col. «Biblioteca Básica de Historia». Anaya. Madrid, 1989.
Rubiera, M. J., *La arquitectura en la literatura árabe.* Editora Nacional, 1981.
Samsó, J., *Ciencia musulmana en España.* Cuadernos Historia 16, n.° 144, Madrid, 1985.
Sánchez Albornoz, C., *La España musulmana.* Espasa Calpe, Madrid, 1974.
Sánchez Albornoz, C., *Vascos y navarros en su primera historia.* Ediciones del Centro, 1974.
Talbot, D., *La Alta Edad Media.* Aguilar, Madrid, 1971.
Valdeón, *La Alta Edad Media.* Col.«Biblioteca Básica de Historia», Madrid, 1989.
— *Vida cotidiana en la Edad Media.* Cuadernos Historia 16, n.° 193, Madrid, 1989.
Yarza, J., *Arte y Arquitectura en España. 500/1250.* Cátedra, Madrid, 1979.

Documentación gráfica

Además de los estudios y esquemas realizados sobre el terreno, la documentación gráfica utilizada en este libro ha sido recogida básicamente de los *Beatos* de Magio, de Gerona, de la Seo de Urgel, de Valcavado, del *Libro de los Salmos*, del *Pentateuco Ashburnham*, del *Apocalipsis de San Severo*, del *Libro de los Testamentos* de la Catedral de Oviedo y de la recopilación que sobre los *Beatos* se hizo para la Exposición Europalia 85 celebrada en Bruselas. También habría que citar el Museo de Telas Medievales del Monasterio de Santa María la Real de Huelgas en Burgos, y el estudio de capiteles, pinturas y altorrelieves románicos de Silos, Santiago de Compostela o la Colegiata de San Isidoro de León, entre otros, y diversas arquetas andalusíes califales destacando las conservadas en Leyre, Silos, Albert and Victory Museum de Londres y el Museo del Louvre de París.

El autor quiere expresar su más sincero agradecimiento a Juan Antonio Millán, arqueólogo especializado en Alta Edad Media, por la ayuda prestada para la realización gráfica de este libro.